CAHIERS PHILOSOPHIQUES

n° 163 / 4e trimestre 2020

CAHIERS PHILOSOPHIQUES
est une publication de la Librairie Philosophique J. Vrin
6, place de la Sorbonne
75005 Paris
www.vrin.fr
contact@vrin.fr

Sites internet
www.vrin.fr/cahiersphilosophiques.htm
http://cahiersphilosophiques.hypotheses.org
www.cairn.info/revue-cahiers-philosophiques.htm

Suivi éditorial
ÉMILIE BRUSSON

Abonnements
FRÉDÉRIC MENDES
Tél. : 01 43 54 03 47 – Fax : 01 43 54 48 18
abonnements@vrin.fr

Vente aux libraires
Tél. : 01 43 54 03 10
comptoir@vrin.fr

La revue reçoit et examine tous les articles, y compris ceux qui sont sans lien avec les thèmes retenus pour les dossiers. Ils peuvent être adressés à : cahiersphilosophiques@vrin.fr. Le calibrage d'un article est de 45 000 caractères, précédé d'un résumé de 700 caractères, espaces comprises.

ISSN 0241-2799
ISSN numérique : 2264-2641
ISBN 978-2-7116-6015-5
Dépôt légal : juin 2021

SOMMAIRE

ÉDITORIAL

DOSSIER
PENSER PAR DIAGRAMMES

LES INTROUVABLES DES CAHIERS

SITUATIONS

PARUTIONS

ÉDITORIAL

S'il est difficile de proposer une définition unique et synthétique de ce qu'est un diagramme, il est en revanche aisé de s'accorder sur leur hétérogénéité aux signes langagiers. Cette différence doit être analysée lorsqu'on cherche à appréhender la manière dont les diagrammes participent au déploiement de la pensée. Les relations entre les diagrammes et ce qu'ils « diagrammatisent » ne sont pas assimilables aux relations symboliques par lesquelles les mots donnent un accès à la réalité. Si les symboles signifient, comment décrire et qualifier les effets et les caractéristiques propres aux diagrammes ? Sont-ils de simples instruments d'expression de la pensée ou faut-il leur reconnaître une part dans le raisonnement même ?

Ces interrogations ontologiques et épistémologiques sont corrélées à des déterminations et des pratiques différentes de la philosophie. Ainsi, les diagrammes, au cœur de la sémiotique développée par Peirce, font-ils l'objet d'une analyse constante et approfondie, dans le cadre d'un pragmatisme renouvelé[1]. La reconnaissance de leur valeur démonstrative est un enjeu de discussion en philosophie des mathématiques, entre « amis des symboles » qui n'y voient que des outils heuristiques et pédagogiques et « amis des diagrammes » qui les élèvent au rang de preuve véritable[2].

A minima, un diagramme spatialise mais il ne consiste pas dans la simple représentation spatiale d'une entité donnée dont il manifesterait les contours extérieurs. Il met bien plutôt en évidence les relations internes entre les parties ou déterminités d'un objet[3]. On comprend ainsi que certains symboles logiques puissent « posséder de la diagrammaticité » dans la mesure où ils sont intégrés à des écritures logiques construites pour « donner à voir » certaines propriétés d'objets logiques correspondants[4]. La dissymétrie apparente du signe logique d'implication en est un exemple.

Pour approcher avec plus de précision l'opérativité et la fécondité des diagrammes, il faut les inscrire dans une ou plutôt des histoires : histoire de la logique, des mathématiques, histoire de l'écriture dans ses diverses modalités y compris techniques, histoire de la constitution d'une sémiotique, etc.

Ainsi, dans la deuxième moitié du XVIIIe siècle, les diagrammes d'Euler ont-ils permis d'exposer avec simplicité les raisonnements syllogistiques connus de longue date, de telle sorte que « tout saute d'abord aux yeux »[5] et qu'on accède à une saisie non seulement sensible ou perceptive, mais proprement intellectuelle. Faudrait-il alors parler d'intuition et considérer que la « connaissance aveugle » que Leibniz associait à l'usage de symboles se trouve en quelque façon dépassée ? Le choix de représenter une classe d'objets par un cercle, permet effectivement d'exprimer les relations logiques entre classes grâce

1. *Cf.* J.-M. Chevalier, Introduction aux « PAP : Prolégomènes à une apologie du pragmatisme ? ».
2. *Cf.* S. Gandon et G. Longa, « Identité des mots, identité des diagrammes : une approche kaplanienne ? ».
3. *Cf.* « L'essor de la diagrammatologie », entretien avec F. Stjernfelt, p. 94.
4. *Cf.* A. Moktefi, « L'élimination diagrammatique ».
5. L. Euler, Lettres à une Princesse d'Allemagne, cité par A. Moktefi, p. 14

à des relations topologiques entre cercles – inclusion d'un cercle dans un autre, extériorité d'un cercle à un autre. La pertinence et l'effectivité du diagramme procèdent ici d'un isomorphisme entre logique et géométrie grâce auquel la représentation des deux prémisses permet de « voir » directement la conclusion du syllogisme.

Un diagramme n'est pas une simple figure destinée à rendre visible, il n'est même pas essentiellement visuel : il relève davantage d'une « lecture » de relations rationnelles qu'il présente et à laquelle il invite l'esprit ; on n'accède à ces relations que par une modalité déterminée d'abstraction représentative. Ainsi, deux cercles dont l'un est inclus dans l'autre ne constituent pas en eux-mêmes le diagramme des prémisses d'un syllogisme. La notion de *free ride* – trajet gratuit – utilisée par certains philosophes pour concevoir le *modus operandi* des diagrammes suggère que ceux-ci permettent à la pensée de passer *directement* des prémisses à la conclusion[6]. Reste toutefois à élucider les conditions de ce « passage direct » et à s'intéresser aux relations entre diagramme et raisonnement, à la fonction des diagrammes dans les raisonnements. On comprend que la difficulté ne concerne pas seulement le diagramme, mais le raisonnement lui-même, que la distinction du discursif et de l'intuitif ne suffit plus à caractériser.

En mathématiques, les diagrammes peuvent être une part du raisonnement lui-même. Les éditions successives des *Éléments* d'Euclide offrent un angle d'approche éclairant quant à cette participation : on perçoit un véritable hiatus entre des manuscrits médiévaux dans lesquels les dessins associés aux démonstrations ne sont que des figures sans véritable articulation avec la progression démonstrative et des éditions plus tardives dans lesquelles des diagrammes donnent accès à la règle de construction d'une figure géométrique, par exemple la construction d'un pentadécagone à la règle et au compas[7]. Le diagramme est alors en lui-même un processus de raisonnement qui aboutit – dans ce cas particulier – à la possibilité de délimiter et dessiner avec rigueur le côté d'un polygone à quinze côtés puis le polygone dans son entier.

L'élaboration du nouveau pragmatisme auquel Peirce se consacre, s'inscrit dans une reprise critique de la notion de schème développée par Kant dans la *Critique de la raison pure*. Le schématisme est jugé inutile car la scission de la sensibilité et de l'entendement est artificielle. Les diagrammes occupent la place de la schématisation, à distance de toute séparation de la sensibilité et de l'entendement. Un diagramme est un « espace à la fois perceptif et imaginaire, concret et mental, où s'opèrent et s'observent les mouvements de la pensée »[8]. Cela justifie l'extension maximale reconnue aux diagrammes, ces « opérateurs de la pensée nécessaire ». « Tout raisonnement nécessaire est diagrammatique » écrit Peirce au début des *Prolégomènes à une apologie du pragmatisme* avant de préciser qu'un diagramme est conçu pour « représenter

6. *Cf.* A. Moktefi, « L'élimination diagrammatique », p. 20 et « L'essor de la diagrammatologie », entretien avec F. Stjernfelt, p. 94

7. *Cf.* S. Gandon et G. Longa, « Identité des mots, identité des diagrammes : une approche kaplanienne ? », p. 75-79.

8. *Cf.* J.-M. Chevalier, Introduction aux « PAP : Prolégomènes à une apologie du pragmatisme », p. 82.

et rendre intelligible la forme d'une relation ». Les diagrammes ne peuvent donc représenter que la classe des relations qui « sont intelligibles »[9].

La question de l'élaboration à la fois rationnelle et perceptive des diagrammes est donc posée. En géométrie, le diagramme prend forme en même temps que le raisonnement qui vise à résoudre un problème déterminé.

Dans d'autres domaines, l'arbre, parce qu'il dispose d'une organisation topologique associant unité, ordre et organicité, offre de multiples manières de « rendre intelligibles » des connaissances, des relations généalogiques, phylogénétiques, etc., ce dont témoignent l'abondance et la variété des usages des diagrammes arborescents[10]. L'arbre de Porphyre a ainsi eu pour ambition de présenter par une série de dichotomies successives la hiérarchie ontologique des êtres à partir d'un principe unique. Ce diagramme mobilise des catégories logiques mais il entend aussi être conforme à la réalité et être en mesure de l'appréhender rationnellement.

C'est aussi par une arborescence désignée comme « l'arbre de vie » que Darwin donne un aperçu synoptique de sa théorie de l'origine des espèces et de l'hypothèse d'une parenté commune de tous les vivants, de toutes les espèces actuelles ou non[11]. Le naturaliste n'a cessé de corriger et améliorer ce qu'il qualifiait d'« étrange diagramme » dans lequel les lignes, continues ou pointillées, les angles plus ou moins aigus des embranchements, ont vocation à faire comprendre non seulement l'unité d'ensemble des espèces représentées, mais les échelles de temps aussi bien que les conséquences à long terme des petites variations initiales.

Dans son ouvrage *Les coraux de Darwin*, l'historien de l'art Horst Bredekamp s'interroge sur le modèle sous-jacent à ce diagramme arborescent et argumente en faveur de la structure du corail plutôt que celle de l'arbre *stricto sensu* – quoique Darwin maintienne la dénomination *tree of life*. Le corail aurait notamment l'avantage de mieux représenter la différence *et* la continuité entre les espèces mortes et les vivantes. Cette discussion autour de l'arbre ou du corail permet de souligner l'importance de la *lecture* d'un diagramme. Lire un diagramme ne consiste pas à se tenir en face d'une figure dont la compréhension serait univoque et figée mais à prendre part à une certaine opération de l'esprit ouverte à d'éventuels prolongements et bifurcations.

Réflexion qui peut se poursuivre lorsqu'on aborde le diagramme du point de vue d'une histoire de l'écriture envisagée comme cette technologie qui donne forme à notre rapport à la pensée et au monde. Il est intéressant dans ce contexte de distinguer l'écriture alphabétique et l'écriture numérique de l'écriture proprement diagrammatique : un diagramme est une inscription matérielle dotée d'un sens qui conserve des traces non verbales[12]. De même qu'il y a une rectitude de l'écriture alphabétique dont l'orthographe est le canon et une exactitude de l'écriture numérique, l'hypothèse d'un caractère

9. *Cf.* C. S. Peirce, « PAP : Prolégomènes à une apologie du pragmatisme », 1er extrait, p. 87.

10. *Cf.* L. Dahan-Gaida, « Métamorphoses de l'arbre : du schème au diagramme et du corail au rhizome », p. 23-26.

11. *Ibid.* p. 38.

12. *Cf.* F. Ferri, « Comment et pourquoi le diagrammatique transforme-t-il l'histoire de l'écriture ? », p. 55.

« orthotétique » du diagramme est concevable, qui consiste dans son « expressivité opératoire ». Le diagramme schématise une syntaxe opératoire dont il permet l'exécution. L'objectif du design d'information est justement de « rendre lisible et visible un contenu de connaissance opératoire » irréductible à une opération de calcul comme à un savoir véhiculé par des énoncés linguistiques[13].

La différenciation entre les diagrammes et les mots ou symboles utilisés dans le langage soulève toutefois d'autres questions complexes qui touchent à leur identité[14]. Qu'est-ce qui confère au symbole et au diagramme leurs identités respectives ? La distinction *type* et *token* mobilisée en philosophie du langage pour penser l'identité d'un mot ou d'un symbole est-elle transposable au diagramme ? Plusieurs tracés de la lettre « A » sont possibles, majuscule ou minuscule, italique ou romain ; ils sont pourtant tous considérés comme des exemplaires d'un même symbole « A ». La question est d'emblée beaucoup plus complexe pour les diagrammes dont les modalités d'individualisation sont, au moins au premier abord, différentes de celles des symboles.

Les enjeux de cette discussion théorique sont plus vastes que la seule application aux diagrammes de la distinction *type/token* car cette distinction elle-même, qui s'adosse à une conception orthographique des mots, fait l'objet d'interrogations. L'étude des diagrammes, qui sont par nature ambivalents et susceptibles de plusieurs lectures, y compris fallacieuse – un diagramme peut dans certains cas induire en erreur – incite paradoxalement à une remise en cause du modèle orthographique et à une autre conception du rapport de la généralité et de l'individualité. Dans tout diagramme, il y a de nombreuses caractéristiques accidentelles – l'épaisseur d'un trait, la couleur de l'encre, la forme particulière d'un triangle, etc.– qui ne sont pas pertinentes pour le raisonnement et dont il faut « ne pas tenir compte »[15] sous peine de commettre des erreurs. Les diagrammes possèdent un degré de généralité qui leur confère justement la capacité à tirer des conclusions générales, à être partie prenante d'un raisonnement déductif. Leur fécondité est toutefois tributaire de leur nécessaire « imperfection » : il n'existe pas de diagramme parfaitement général et la présence d'éléments accidentels est indissolublement occasion d'erreur et d'invention possibles.

Nathalie Chouchan

13. *Cf.* F. Ferri, « Comment et pourquoi le diagrammatique transforme-t-il l'histoire de l'écriture ? », p. 59.
14. *Cf.* S. Gandon et G. Longa, « Identité des mots, identité des diagrammes : une approche kaplanienne ? », p. 75-79.
15. *Cf.* « L'essor de la diagrammatologie », entretien avec F. Stjernfelt, p. 95.

Penser par diagrammes

L'ÉLIMINATION DIAGRAMMATIQUE

Amirouche Moktefi

L'usage des diagrammes en logique est ancien. Aux débuts de la logique mathématique, ils servent notamment à résoudre le problème de l'élimination. Cela consiste à extraire la conclusion qui découle d'un ensemble de prémisses en éliminant les termes et les propositions indésirables ou superflus. À cette fin, les logiciens inventent une multitude de notations. Il convient dès lors de s'interroger sur la place des méthodes diagrammatiques dans ce programme de recherche ainsi que leurs interactions avec les autres méthodes de résolution, symboliques et mécaniques. Les diagrammes éliminent-ils vraiment ?

Il y a un intérêt grandissant pour l'usage et l'étude des diagrammes. Cet engouement rompt avec un siècle de scepticisme vis-à-vis des preuves diagrammatiques, même si l'emploi heuristique et éducatif des visualisations n'a jamais cessé. On en oublierait presque que les diagrammes ont connu une large diffusion parmi les logiciens du passé. Les dix-huitième et dix-neuvième siècles font d'ailleurs figure d'âge d'or pour les diagrammes en logique. Cette propagation coïncide avec le développement de la logique dite mathématique, laquelle fait un large usage de notations nouvelles.

Alors que Gottfried Leibniz et d'autres logiciens construisent isolément de tels systèmes logiques dès le dix-huitième siècle, c'est surtout avec George Boole que s'installe une tradition symboliste en logique. En se fondant sur des analogies entre les lois de la logique et les lois de l'arithmétique, Boole conçoit une algèbre de la logique : les propositions y sont des équations, et la résolution de problèmes logiques devient un calcul pour trouver la solution d'un système d'équations. Les successeurs de Boole, en Angleterre d'abord puis sur le continent et aux États-Unis, inventent une multitude de notations, aussi bien symboliques que diagrammatiques, pour faciliter ce calcul. Le rôle de ces notations dans la nouvelle logique est ainsi décrit par Louis Couturat :

> Mais la logique algorithmique n'est pas seulement une *idéographie* analogue à la notation chimique (elle serait déjà fort précieuse à ce titre) ; elle est encore et surtout un algorithme, analogue à l'Algèbre ordinaire. Comme celle-ci, elle a d'abord l'avantage de simplifier et de généraliser les raisonnements. Elle les simplifie en les traduisant dans une notation plus précise et plus condensée que le langage, et par suite, en économisant, selon le précepte de Descartes, les forces de l'entendement, en le soulageant par le secours de l'imagination, en lui donnant pour appui sensible les lettres et les signes, et en ramenant les calculs à des combinaisons matérielles et mécaniques de ces lettres et de ces signes. Elle permet ainsi à l'esprit d'embrasser à la fois un plus grand nombre de données (de prémisses), d'en apercevoir plus aisément les relations, et de discerner par quelles combinaisons on pourra les simplifier et en tirer la conclusion. Il est manifeste que les mots ne sauraient rendre les mêmes services, parce qu'ils constituent une notation trop prolixe et trop encombrante pour se prêter aux combinaisons intuitives de l'Algèbre.[1]

C'est dans ce paysage, où fleurissent les notations, qu'il convient d'appréhender le rôle des diagrammes dans les débuts de la logique moderne. Nous n'avons, jusque-là, pas offert de définition précise de ce que nous entendons par « diagrammes ». Il faut dire qu'il est bien difficile d'en présenter une définition pleinement satisfaisante. En effet, si plusieurs définitions sont proposées dans la littérature appropriée, il est toujours possible de s'interroger sur les contours d'une telle catégorie[2]. Certains objets semblent en effet emprunter aussi bien au codes diagrammatiques que linguistiques ou symboliques, et il est dès lors difficile de les classer dans une catégorie particulière. Pour les besoins de notre étude, une caractérisation minimale suffira. On peut par exemple adopter la définition de Martin Gardner qui définissait le diagramme logique comme « une figure géométrique bidimensionnelle ayant des relations spatiales qui sont isomorphiques avec la structure d'un énoncé logique »[3]. Cet isomorphisme est précisément ce qui fait la force visuelle du diagramme puisque la simple contemplation du diagramme et des relations topologiques qui le constituent permet de déduire des relations logiques contenues dans l'énoncé qui est l'objet de la représentation. Notons que ce procédé est également présent dans des écritures dites symboliques mais dont la construction donne à voir des propriétés possédées par les objets logiques correspondants. Ainsi l'asymétrie du symbole d'implication suggère l'asymétrie de l'opérateur en question. En cela, nous pouvons dire que ce symbole possède de la *diagrammaticité*, même s'il ne fait pas partie de ce que nous appelons communément des diagrammes.

Cette caractérisation des diagrammes laisse deviner l'intérêt qu'il y a à en faire usage pour tirer des conclusions à partir d'un ensemble de prémisses logiques. Certes, Boole n'y recourt pas. Son inspiration issue de

1. L. Couturat, *Traité de Logique algorithmique*, O. Schlaudt et M. Sakhri (ed.), Basel, Birkhäuser, 2010, p. 242.
2. A.-V. Pietarinen, « Is There a General Diagram Concept ? », *in* S. Krämer et C. Ljungberg (eds.), *Thinking with Diagrams*, Berlin-Boston, DeGruyter Mouton, p. 121–137.
3. M. Gardner, *Logic Machines and Diagrams*, New York, McGraw-Hill, 1958, p. 28.

l'école algébrique anglaise[4], l'amène à développer une notation symbolique. Celle-ci permet de simplifier les calculs logiques en évitant le recours à de longs énoncés linguistiques. Aussi, les analogies avec l'algèbre « quantitative » suggèrent des méthodes de résolution quasi-mécaniques à travers une série de transformations formelles des prémisses. Si cette machinerie mène bien à une conclusion interprétable, certaines étapes du calcul peuvent néanmoins s'avérer non-interprétables. Cela ne semble pas avoir gêné Boole, mais a fortement déplu à ses successeurs immédiats, lesquels tentèrent d'y remédier. À cet effet, les diagrammes offrent un avantage éclatant : leur *immédiateté.* Nous y reviendrons plus loin, mais il suffit à ce stade d'indiquer qu'un choix notationnel approprié peut permettre de visualiser la conclusion d'un raisonnement par la simple représentation de ses prémisses. En effet, étant donné que la conclusion est déjà contenue dans les prémisses et que celles-ci sont représentées par les relations topologiques du diagramme, on peut s'attendre à ce que la conclusion y figure également. Il n'y a dès lors plus besoin de transformer ou de manipuler les prémisses pour aboutir à la conclusion. Celle-ci est censée être déjà présente dans le diagramme, et il ne reste donc plus qu'à l'observer *directement*. Naturellement, ce procédé nécessite aussi un savoir-faire du logicien, mais son acquisition est moins fastidieuse que celle des méthodes algébriques, souvent plus longues et plus difficiles pour le débutant. Les diagrammes dispensent des étapes intermédiaires du calcul, et donc aussi des énoncés non-interprétables, pour donner à voir directement la conclusion du calcul.

Les diagrammes offrent un avantage éclatant : leur immédiateté.

Avant de discuter davantage la place des diagrammes aux débuts de la logique symbolique, notamment pour la solution des problèmes dits d'élimination logique, il convient de préciser que nous nous intéressons ici seulement à l'usage des diagrammes pour le calcul logique. En effet, il est commun de distinguer deux traditions dans l'émergence de la logique moderne : celle du calcul et celle du langage. Si les deux traditions se réclament de Leibniz, la première émerge avec Boole tandis que la seconde se développe, un peu plus tard, à la suite de Gottlob Frege. Si la tradition du langage a souvent préféré les notations symboliques aux diagrammes, il faut néanmoins rappeler que c'est une écriture plutôt diagrammatique que l'on retrouve chez Frege. Elle sert à analyser les démonstrations en décortiquant les différentes étapes qui la constituent. Frege écrit justement que sa notation est au langage ordinaire ce que le microscope est à l'œil[5]. Cette tradition du langage ne vise pas nécessairement une économie d'espace ou de temps, comme peut le constater tout lecteur de Frege. En revanche, on y découvre une économie notationnelle puisqu'on y cherche à réduire le système de notation à un

4. M.-J. Durand-Richard, « L'école algébrique anglaise : les conditions conceptuelles et institutionnelles d'un calcul symbolique comme fondement de la connaissance », *in* C. Goldstein et J. Gray, J. Ritter (éd.), *L'Europe mathématique : Mythes, Histoires, Identité*, Paris, Éditions M. S. H, 1996, p. 445-477.

5. G. Frege, *Begriffsschrift*, Halle, Louis Nebert, 1879.

nombre minimal d'opérateurs[6]. En cela, la tradition du langage contraste fortement avec celle du calcul, laquelle connait une profusion de symboles pour faciliter la résolution des problèmes logiques auxquels elle s'intéresse. Les logiciens algébristes présentent leurs notations davantage comme des machines permettant d'économiser, voire d'améliorer, le travail du logicien[7]. Cette tradition a d'ailleurs conduit autour de 1880 à la construction de machines logiques, certes éphémères mais réelles[8].

L'élimination

Le problème de l'élimination, tel que traité par les premiers logiciens symbolistes à la suite de Boole[9], peut être compris comme une sorte de généralisation des problèmes de l'ancienne syllogistique. Rappelons qu'un syllogisme est constitué de trois propositions : deux prémisses et une conclusion, structurées de sorte que la conclusion découle nécessairement des prémisses. Un syllogisme contient trois termes, chaque proposition énonce une relation entre deux termes. Le terme apparaissant dans les deux prémisses, appelé *moyen terme*, est éliminé pour découvrir la relation entre les termes restants dans la conclusion. Avec l'avènement de la logique symbolique, les restrictions imposées quant au nombre de propositions et de termes sont levées. Surtout, désormais, il ne s'agit plus tellement de vérifier la justesse d'une conclusion donnée mais bien de la rechercher. William S. Jevons attribue à Boole la définition de ce problème général qu'il formule comme suit :

> George Boole [...] a, le premier, mis en avant le problème de la science logique dans sa généralité complète : – *ayant certaines prémisses ou conditions logiques, il faut déterminer la description de toute classe d'objets dans ces conditions*. Tel était le problème général dont l'ancienne logique n'avait résolu que quelques cas isolés [...] Boole a montré incontestablement qu'il était possible, à l'aide d'un système de signes mathématiques, de déduire les conclusions de tous ces anciens modes de raisonnement, et un nombre indéfini d'autres conclusions[10].

La complexité de ces problèmes, exprimés en langues naturelles, rend leur traitement difficile. Il est dès lors souhaitable d'introduire un langage formel pour en faciliter la résolution, comme le montre la Figure [1][11]. Ainsi, les

6. F. Bellucci, A. Moktefi, A.-V. Pietarinen, « *Simplex sigillum veri :* Peano, Frege and Peirce on the Primitives of Logic », *History & Philosophy of Logic*, 2018, vol. 39, n°1, p. 80-95.

7. H. MacColl, « Symbolical Reasoning », *Mind*, 1880, vol. 5, n°17, p. 45.

8. G. H. Buck et S. M. Hunka, « W. Stanley Jevons, Allan Marquand, and the Origins of Digital Computing », *IEEE Annals of the History of Computing*, 1999, vol. 21, n°4, p. 21-27.

9. J. Green, « The Problem of Elimination in the Algebra of Logic », *Perspectives in the History of Mathematical Logic*, T. Drucker (ed.), Basel, Birkhäuser, 1991, p. 1-9.

10. W. S. Jevons, « On the Mechanical Performance of Logical Inference », *Philosophical Transactions of the Royal Society of London*, 1870, vol. 160, p. 497-518, p. 499 : « George Boole [...] first put forth the problem of logical science in its complete generality : – *Given certain logical premises or conditions, to determine the description of any class of objects under those conditions.* Such was the general problem of which the ancient logic had solved but a few isolated cases [....] Boole showed incontestably that it was possible, by the aid of a system of mathematical signs, to deduce the conclusions of all these ancient modes of reasoning, and an indefinite number of other conclusions ».

11. Cette figure est adaptée de A. Moktefi, « Logic », *The Mathematical World of Charles L. Dodgson (Lewis Carroll)*, R. Wilson, A. Moktefi, (eds.), Oxford, Oxford University Press, 2019, p. 87-119, figure p. 95.

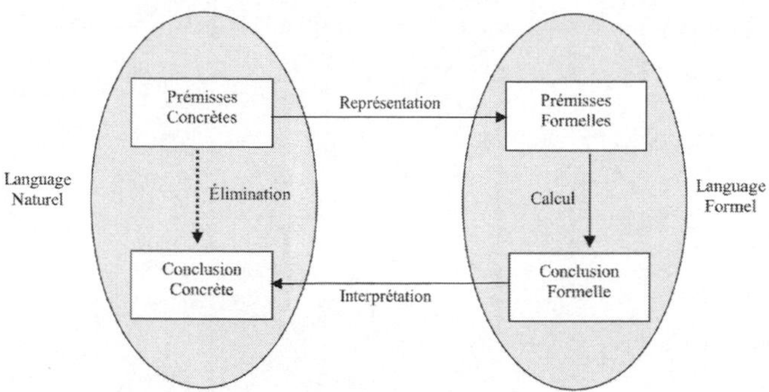

Figure 1

prémisses sont d'abord représentées dans le nouveau langage. Ensuite, un calcul est réalisé pour déterminer la conclusion formelle. Celle-ci est, enfin, inter prétée pour exprimer la conclusion finale dans la langue naturelle originelle.

L'élimination des termes indésirés ou superflus s'opère lors du calcul, qui peut être interprétable ou pas, et qui, surtout, peut être effectué par une machine. On peut imaginer que différents langages formels, y compris diagrammatiques, se prêtent différemment à ce calcul. Dès lors, les successeurs de Boole inventèrent une multitude de notations à cet effet[12]. Boole lui-même avait exprimé les propositions logiques classiques sous forme d'équations. Sa théorie mathématique de la logique est longuement exposée dans son ouvrage *Les Lois de la Pensée* (1854)[13]. Cette notation équationnelle sera reprise par d'autres logiciens, tels Jevons et John Venn dont nous reparlerons dans les sections suivantes.

Auparavant, examinons un exemple simple d'élimination algébrique. Soient les deux prémisses du syllogisme appelé *Celarent* :

Aucun m n'est y.

Tout x est m.

Nous souhaitons éliminer m pour trouver la relation entre x et y. Réécrivons ces deux propositions sous forme d'équations. La première énonce que l'intersection entre m et y est nulle. La seconde affirme que l'intersection entre x et m est x (puisque x est entièrement inclus dans m). Nous obtenons donc les équations :

12. M.-J. Durand-Richard, A. Moktefi, « Algèbre et logique symboliques : arbitraire du signe et langage formel », *La Pointure du Symbole* J.-Y. Béziau, J.-Y. (éd.), Paris, Pétra, 2014, p. 295–328.

13. G. Boole, *An Investigation of the Laws of Thought*, London, Walton & Maberly, 1854.

$m\ y = 0$

$x\ m = x$

Si la classe *m y* est nulle dans la première prémisse, alors *x m y* l'est aussi :

$x\ m\ y = 0$

Dans cette équation, remplaçons *x m* par sa valeur équivalente *x* indiquée dans la seconde prémisse. Nous obtenons la conclusion :

$x\ y = 0$

Cette conclusion énonce que :

Aucun *x* n'est *y*.

Cet exemple montre la procédure de l'élimination (représentation, calcul, interprétation) mais ne rend naturellement pas compte de la force de cette méthode, laquelle se manifeste lorsque le nombre de termes et de propositions grandit. Par ailleurs, nous avons ci-dessus présenté une solution algébrique au problème. Les méthodes diagrammatiques ne manquent pas non plus.

Les diagrammes

Le recours aux diagrammes en logique est naturellement antérieur à Boole et sa formulation du problème de l'élimination. Nous avions précédemment expliqué que les syllogismes constituaient déjà une forme simple d'élimination. En conséquence, il n'y a rien de surprenant à voir les diagrammes développés pour la syllogistique servir pour la résolution de problèmes d'élimination. C'est notamment le cas des diagrammes dits d'Euler qui, bien qu'ils soient antérieurs à Leonhard Euler[14], connaissent une large diffusion à la suite de leur description par celui-ci dans le second volume de ses *Lettres à une Princesse d'Allemagne* (1768)[15]. Euler louait ainsi les mérites de sa méthode :

> Ces figures rondes, ou plutôt ces espaces, (car il n'importe quelle figure nous leur donnions) sont très propres à faciliter nos réflexions sur cette matière, & à nous découvrir tous les mystères dont on se vante en Logique, & qu'on y démontre avec bien de la peine, pendant que par le moyen de ces figures tout saute d'abord aux yeux.[16]

Rappelons que la méthode d'Euler consiste à représenter une classe d'objets avec un cercle. Dès lors, les relations logiques entre classes peuvent être exprimées grâce aux relations topologiques entre cercles. Illustrons cela en traitant le syllogisme *Celarent*, déjà analysé par la méthode algébrique dans la section précédente. Nous avons donc deux prémisses :

Tout *x* est *m*.

Aucun *m* n'est *y*.

14. Voir A. W. F. Edwards, « An Eleventh-Century Venn Diagram », *BSHM Bulletin*, 2006, vol. 21, p. 119–121 ; J. Lemanski, « Periods in the Use of Euler-type Diagrams », *Acta Baltica Historiae et Philosophiae Scientiarum*, 2017, vol. 5, n°1, p. 50–69.

15. L. Euler, *Lettres à une Princesse d'Allemagne*, vol. 2, Saint Petersburg, Imprimerie de l'Académie Impériale des Sciences, 1768.

16. *Ibid.*, p. 100-101.

La première prémisse est simplement représentée en plaçant un cercle *x* à l'intérieur d'un cercle *m*, et la seconde en dessinant un cercle *y* strictement à l'extérieur du cercle *m*. On obtient alors la figure [2].

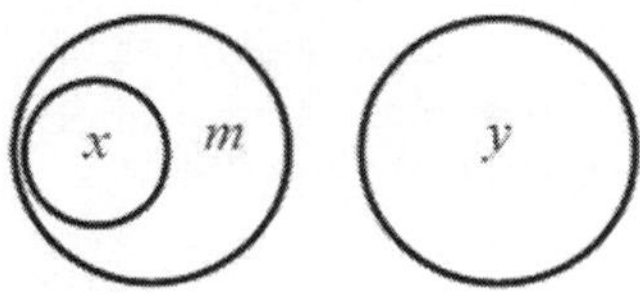

Figure 2

On observe immédiatement que les cercles *x* et *y* sont strictement disjoints, ce qui donne la conclusion recherchée :

Aucun *x* n'est *y*.

Cet exemple simple montre la beauté de cette méthode visuelle permettant de trouver rapidement et aisément la conclusion qui découle d'une paire de prémisses. Il n'y a donc rien de surprenant à voir cette méthode se répandre au cours du dix-neuvième siècle. Ainsi, Arthur Schopenhauer, bien qu'intrigué par cette simplicité, y recourt et en loue la force :

> Une des idées les plus ingénieuses qu'on ait eues a été de représenter à l'aide de figures géométriques cette extension des concepts. [...] Euler porta le procédé à sa perfection en faisant usage de cercles. Je ne saurais dire quel est le dernier fondement de cette analogie si exacte entre les rapports des concepts et ceux des figures géométriques. Toujours est-il qu'il y a pour la logique un précieux avantage à pouvoir ainsi représenter graphiquement les relations des concepts entre eux, même au point de vue de leur possibilité, c'est-à-dire *a priori*.[17]

L'enthousiasme de Schopenhauer rend bien compte de l'aide que ces diagrammes offrent au logicien. Néanmoins, cela ne doit pas faire oublier les limites de cette méthode eulérienne[18]. D'abord, la correspondance entre les figures et les propositions canoniques de la syllogistique est imparfaite. Par exemple, dans la première prémisse ci-dessus, il est asserté que « Tout *x* est *m* », ce qui n'exclut pas la possibilité que *x* et *m* soient identiques. Or, le diagramme montre *x* strictement à l'intérieur de *m* et souffre donc de surdétermination. Aussi, la méthode d'Euler, sans aménagements nouveaux, est peu pratique pour le traitement des termes négatifs. Enfin, et surtout, les cercles d'Euler deviennent impraticables lorsque le nombre de termes augmente. Certes, pour les besoins de la syllogistique, cela n'est pas essentiel, mais le développement de la logique symbolique rend la construction de diagrammes complexes nécessaire.

17. A. Schopenhauer, *Le monde comme volonté et représentation*, trad. fr. A. Burdeau, Paris, P.U.F., 1966, p. 73.

18. Schopenhauer lui-même introduit certains aménagements. *Cf.* A. Moktefi, « Schopenhauer's Eulerian Diagrams », *Mathematics, Logic and Language in Schopenhauer*, J. Lemanski, (ed.), Basel, Birkhaüser, 2020, p. 111-127.

C'est précisément ce qu'entreprend Venn qui publie une nouvelle sorte de diagrammes en 1880. Il écrit que son schématisme « sous-tend la méthode de Boole et en est la représentation diagrammatique appropriée »[19]. Contrairement à Euler qui représente directement les relations entre termes par des relations entre cercles, Venn procède en deux étapes : d'abord représenter les combinaisons possibles entre termes par des compartiments, puis ajouter des signes pour indiquer l'état des compartiments. Illustrons cette procédure en reprenant le syllogisme *Celarent*, discuté ci-dessus. Nous avons les prémisses suivantes :

Tout *x* est *m*.

Aucun *m* n'est *y*.

Il y a trois termes : *x*, *y*, *m*. Nous dessinons donc trois cercles entrelacés pour montrer toutes les (huit) combinaisons possibles de ces termes. L'espace est ainsi divisé en huit compartiments, y compris l'espace extérieur aux cercles. Il faut désormais indiquer l'état de ces compartiments. Convenons qu'un compartiment noirci exprime une classe nulle. Notre première prémisse affirme qu'il n'y a pas de *x* qui ne soit pas *m*. Noircissons donc les compartiments situés à l'intérieur de *x* et à l'extérieur de *m* à la fois, pour en exprimer la vacuité. Par ailleurs, notre seconde prémisse affirme qu'il n'y a pas de *m* qui soit *y*. Noircissons donc l'intersection des cercles *m* et *y* pour en exprimer la vacuité. Nous obtenons ainsi la figure [3].

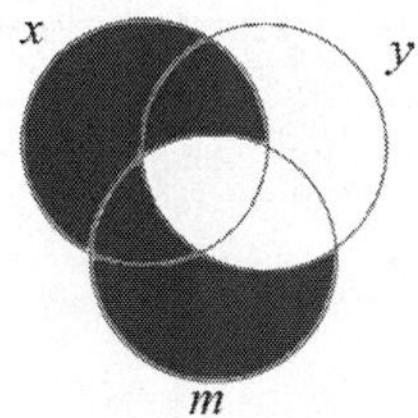

Figure 3

Nous cherchons à éliminer le moyen terme *m* pour trouver la relation entre les termes restants *x* et *y*. Le diagramme de Venn montre que l'intersection de *x* et *y* est totalement noirice, ce qui exprime sa nullité. On énonce donc la conclusion du syllogisme :

Aucun *x* n'est *y*.

Il est vrai que la lecture de la conclusion sur un diagramme de Venn est moins immédiate que sur celui d'Euler. Néanmoins, il suffit de se concentrer sur les compartiments non-noircis pour découvrir un diagramme d'Euler (similaire à la figure [2]) caché à l'intérieur de celui de Venn. Si la forme des espaces est différente et irrégulière, les relations topologiques restent les

19. J. Venn, « On the Diagrammatic and Mechanical Representation of Propositions and Reasonings », *Philosophical Magazine*, 1880, vol. 10, p. 1-18, p. 4-5 : « The one here offered may be said to underlie Boole's method, and to be the appropriate diagrammatic representation for it ».

mêmes. Surtout, Venn remédie aux limites précédemment identifiées chez Euler. Ainsi, la représentation des propositions est univoque et il suffit d'un seul diagramme-cadre pour représenter l'ensemble des problèmes logiques impliquant un nombre déterminé de termes. Enfin, les diagrammes de Venn se prêtent bien mieux que ceux d'Euler à la généralisation du calcul pour un nombre plus élevé de termes, même s'il perd en qualité au-delà de cinq ou six termes à l'inverse des diagrammes rectangulaires que nous évoquerons plus loin.

Entre collaboration et rivalité

Pour convaincre du haut statut probatoire accordé aux diagrammes dans l'élimination, il suffit d'indiquer que plusieurs logiciens offrent des solutions diagrammatiques seules. En cela, ces diagrammes fondent des méthodes autonomes de résolution, au même titre que les méthodes algébriques. Cela contraste avec la méfiance et le scepticisme généralement observés quant à l'usage des diagrammes en mathématiques[20]. Néanmoins, s'arrêter à ce constat d'autonomie ne suffit pas à rendre compte des relations complexes, mêlant collaboration et rivalité, qu'entretiennent les diagrammes vis-à-vis des autres méthodes de résolution, aussi bien symboliques que mécaniques. La réaction immédiate de Hugh MacColl à la publication des diagrammes de Venn offre un bon point de départ à cette discussion.

Venn vient de publier, en juillet 1880, sa méthode diagrammatique dans le journal *The Philosophical Magazine*. Après avoir exposé sa méthode, et malgré l'identification de certaines de ses limites lorsque le nombre de termes augmente, il clame la supériorité de sa méthode sur celles traditionnellement utilisées par les autres logiciens[21]. Cette revendication semble avoir irrité MacColl qui écrit au journal dès le 3 août pour contester l'assurance de Venn[22] :

> La méthode est certainement ingénieuse, et pour vérifier des solutions analytiques de problèmes faciles et élémentaires, elle serait, je pense, utile entre les mains d'un enseignant ; mais je ne peux souscrire à la haute idée que se fait son inventeur de l'utilité pratique qu'elle pourrait avoir sur les autres plans, encore moins avec son opinion quant à sa supériorité sur les méthodes rivales.[23]

20. A. Moktefi, « Diagrammatic Reasoning : the End of Scepticism ? », *Vision Fulfilled : The Victory of the Pictorial Turn*, A. Benedek, K. Nyiri, K., (eds.), Budapest, Hungarian Academy of Sciences-Budapest University of Technology and Economics, 2019, p. 177-186.

21. J. Venn, « On the Diagrammatic and Mechanical Representation of Propositions and Reasonings », *op. cit.*, p. 7-8.

22. Il faut peut-être préciser que la rivalité entre MacColl et Venn s'incrit dans une dispute plus large opposant MacColl aux logiciens booléens (voir L. M. Verburgt, « The Venn-MacColl dispute in Nature », *History and Philosophy of Logic*, 2020, vol. 41, n°3). Contrairement à Jevons et Venn qui privilégient une notation équationnelle pour une logique des classes, MacColl opte pour une logique propositionnelle avec l'implication comme opérateur central. Sur les motivations philosophiques de MacColl, voir J.-M. Chevalier, « Some Arguments for Propositional Logic : MacColl as a Philosopher », *Philosophia Scientiae*, 2011, vol. 15, n°1, p. 129-147. L'échec de MacColl à convaincre ses pairs l'amène à se retirer de la scène logique pendant treize ans, avant d'y revenir vers 1896 avec des travaux nouveaux (voir : F. F. Abeles, A. Moktefi, « Hugh MacColl and Lewis Carroll : Crosscurrents in Geometry and Logic », *Philosophia Scientiae*, 2011, vol. 15, n°1, p. 55-76).

23. H. MacColl, « On the Diagrammatic and Mechanical Representation of Propositions and Reasonings », *Philosophical Magazine*, 1880, vol. 10, n°61, p. 168-171, p. 168 : « The method is certainly ingenious, and for verifying analytical solutions of easy and elementary problems it would, I think, be useful in the hands of

Il faut distinguer deux volets dans cette réaction, que nous nommons la collaboration et la rivalité. La première désigne l'usage des diagrammes, encouragé par MacColl, pour vérifier des résultats obtenus par d'autres méthodes. Si MacColl semble donner une primauté aux méthodes algébriques, rien ne nous empêche de voir dans cette pratique pour s'assurer de la robustesse d'un résultat, une collaboration entre différentes méthodes (sans que l'une ne soit nécessairement perçue comme supérieure aux autres). Ainsi, il est tout aussi possible de vérifier avec un diagramme une solution algébrique que de corroborer algébriquement une solution diagrammatique. La concordance des résultats conforterait ainsi le logicien quant à la robustesse de la conclusion obtenue. Il existe en philosophie des sciences de nombreuses appellations pour caractériser cette pratique. Nous adoptons ici celle d'« interinstrumentalité » qui offre l'avantage de souligner le rôle des instruments employés :

> Par interinstrumentalité, nous entendons le fait de recourir consécutivement à des instruments conçus sur des principes physiques différents, pour mener à bien une même étude expérimentale. Chaque instrument délivre un type d'information physique spécifique à propos des objets d'étude retenus [...]. C'est leur concordance qui fonde la robustesse de l'interprétation qui est fournie en définitive par les physiciens[24].

Il n'est pas absurde de penser les multiples notations logiques, y compris les diagrammes, comme des instruments scientifiques[25]. Dès lors, la résolution d'un problème logique par diverses méthodes peut être comprise comme de l'interinstrumentalité à l'œuvre, c'est-à-dire une stratégie épistémologique pour réduire l'incertitude quant à la justesse d'un résultat. Venn y recourt d'ailleurs explicitement. Ainsi, dans son ouvrage *La Logique Symbolique* (1894), il résout avec sa méthode algébrique un problème logique impliquant quatre termes. Ensuite, il ajoute une solution diagrammatique du même problème et justifie cette addition par le fait que « le diagramme [...] peut servir à aider la conviction »[26].

Si ce premier volet associe les différentes notations, le second les oppose. En effet, aussi bien chez Venn que chez MacColl, nous avons vu une rivalité entre des méthodes de résolution pour déterminer celle qui est supérieure aux autres. Il faut dire que la période post-booléenne voit une prolifération de notations logiques inventées par des logiciens qui plaident pour l'adoption de leur système. Ainsi, lorsque Christine Ladd-Franklin introduit sa méthode logique en 1883, elle écrit :

> Il existe cinq algèbres de la logique, – celles de Boole, Jevons, Schröder, McColl et Peirce, – parmi lesquelles les dernières sont toutes des modifications, plus

a teacher; but I cannot agree with its inventor's estimate of its practical utility in other respects, much less with his opinion as to its superiority over rival methods ».

24. C. Allamel-Raffin, « De l'intersubjectivité à l'interinstrumentalité. L'exemple de la physique des surfaces », *Philosophia Scientiae*, 2005, vol. 9, n°1, p. 3-30, p. 12-13.

25. A. Moktefi, « Diagrams as Scientific Instruments », *Virtual Reality – Real Visuality*, A. Benedek, A. Veszelszki, (eds.), Frankfurt am Main, Peter Lang, 2017, p. 81-89.

26. J. Venn, *Symbolic Logic*, London, Macmillan, 1894, p. 337 : « I append the diagram, as it may serve to aid conviction ».

ou moins légères, de celle de Boole. Je propose d'en ajouter une de plus au nombre.[27]

Ainsi, une compétition amicale s'installe avec des logiciens s'attaquant aux mêmes problèmes logiques et comparant leurs méthodes et notations[28]. Les méthodes diagrammatiques ne font pas exception. Non seulement les différents schématismes inventés sont mis en compétition avec les méthodes algébriques et mécaniques, mais ils sont également opposés entre eux.

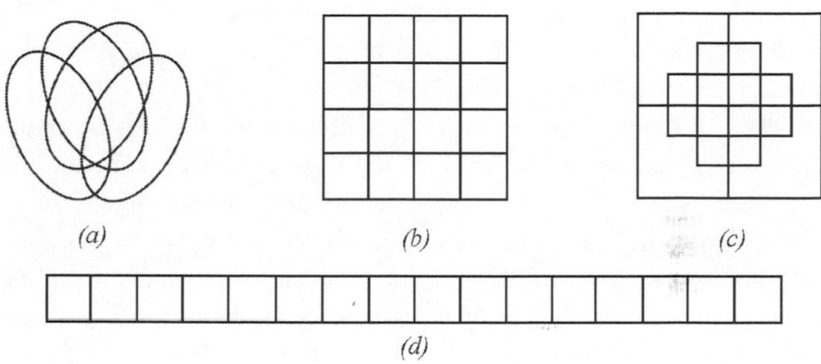

Figure 4

L'une des principales motivations de cette rivalité entre diagrammes est l'aptitude à traiter un nombre élevé de termes. Si Venn y arrive mieux qu'Euler, il reste que ses diagrammes perdent en visibilité avec la croissance du nombre de termes. Dès quatre termes, il abandonne les cercles en faveur d'ellipses, et dès cinq termes, il renonce à la continuité de ses figures[29]. À la suite de Venn, plusieurs logiciens inventent des méthodes rivales. Il en est ainsi des diagrammes inventés par Allan Marquand (1881)[30], Alexander Macfarlane (1885)[31] et Lewis Carroll (1886)[32]. La figure [4] montre des diagrammes logiques pour quatre termes, suivant les méthodes de Venn (*a*), Marquand (*b*), Carroll (*c*) et Macfarlane (*d*). On observe que les rivaux de Venn, bien que leurs méthodes diffèrent, s'accordent à utiliser des diagrammes rectangulaires. Cela permet, d'un côté, de renfermer l'Univers du discours,

27. C. Ladd-Franklin, « On the Algebra of Logic », *Studies in Logic*, C. S. Peirce, (ed.), Boston, Little, Brown and Co., 1883, p. 17-71, p. 17 : « There are in existence five algebras of logic, – those of Boole, Jevons, Schröder, McColl, and Peirce, – of which the later ones are all modifications, more or less slight, of that of Boole. I propose to add one more to the number ».

28. A. Moktefi, « The Social Shaping of Modern Logic », *Natural Arguments : A Tribute to John Woods*, D. Gabbay *et al.*, (eds.), London, College Publications, 2019, p. 503-520. Pour compléter le tableau, il faut ajouter les logiciens traditionnels qui s'opposent à l'utilisation des notations nouvelles et donc aux logiciens symbolistes qui les promeuvent. Voir M. Marion, A. Moktefi, « La logique symbolique en débat à Oxford à la fin du XIXe siècle : les disputes logiques de Lewis Carroll et John Cook Wilson », *Revue d'Histoire des Sciences*, 2014, vol. 67, n°2, p. 185-205.

29. A. Moktefi, F. Bellucci, A.-V. Pietarinen, « Continuity, Connectivity and Regularity in Spatial Diagrams for N Terms », *DLAC 2013 : Diagrams, Logic and Cognition*, J. Burton, L. Choudhury, (eds.), 2014, p. 31–35. http://ceur-ws.org/Vol-1132/

30. A. Marquand, « Logical Diagrams for N Terms », *Philosophical Magazine*, 1881, vol. 12, p. 266-270.

31. A. Macfarlane, « The Logical Spectrum », *Philosophical Magazine*, 1885, vol. 19, p. 286-290.

32. L. Carroll, *The Game of Logic*, London, Macmillan, 1886.

et de l'autre, de garder une unité et une régularité lors de l'extension des diagrammes pour traiter davantage de termes[33]. Venn lui-même se résout à y recourir pour certains problèmes complexes[34].

Élimine-t-on vraiment?

Nous avons jusque-là indiqué que les diagrammes ont connu un usage répandu parmi les logiciens du dix-neuvième siècle, en particulier pour traiter le problème de l'élimination. Les diagrammes s'y prêtent car en représentant *distinctement* les termes d'un raisonnement par des figures, il suffit de supprimer la figure correspondant à un moyen terme pour qu'il soit éliminé du raisonnement. Un coup d'œil aux exemples précédents peut néanmoins susciter un doute : élimine-t-on vraiment?

En effet, à chaque fois, nous avions été invités à tirer la conclusion directement sur le diagramme représentant tous les termes du raisonnement, y compris le moyen terme. Cela ne doit pas pour autant nous faire croire que nous n'avons pas procédé à une élimination. Néanmoins, il est vrai que cela nous amène à nous interroger sur le procédé par lequel nous éliminons le moyen terme. Observons, dans la figure [5], la résolution d'un problème logique simple, correspondant au syllogisme *Barbara*, à l'aide de différentes méthodes diagrammatiques. Nous avons deux prémisses :

Tout x est m.

Tout m est y.

On demande la conclusion qui découle de cette paire de prémisses.

En représentant ces propositions avec un diagramme d'Euler (*a*), il est facile de voir que x est à l'intérieur de y, et que la conclusion recherchée est donc :

Tout x est y.

Pour voir cette conclusion, il suffit d'observer le diagramme représentant les prémisses et de faire *mentalement* abstraction du cercle m. La solution saute dès lors aux yeux, pour reprendre l'expression d'Euler. Ainsi, l'élimination du moyen terme m est bien accomplie en formant une image mentale correspondant à la figure (*a´*), laquelle est de toute façon déjà présente dans (*a*). Ainsi, la représentation des deux prémisses nous donne *directement* une représentation de la conclusion. Certains auteurs évoquent un « trajet gratuit » (*free ride*) des prémisses à la conclusion[35].

33. A. Moktefi, A. W. F. Edwards, « One More Class : Martin Gardner and Logic Diagrams », *A Bouquet for the Gardener*, M Burstein (ed.), New York, Lewis Carroll Society of North America, 2011, p. 160–174.
34. J. Venn, *Symbolic Logic, op. cit.*, p. 139-140.
35. G. Stapleton, M. Jamnik, A. Shimojima, « What Makes an Effective Representation of Information : A Formal Account of Observational Advantages », *Journal of Logic, Language and Information*, 2017, vol. 26, p. 143–177.

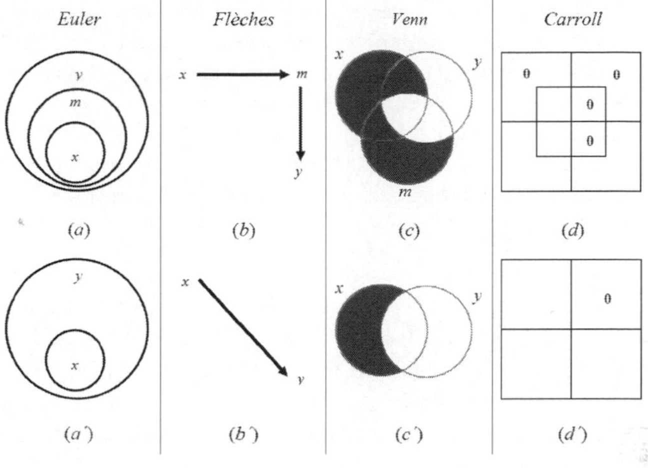

Figure 5

On pourrait penser que cette « gratuité » caractérise toutes les méthodes diagrammatiques mais cela serait erroné. Ainsi, la méthode basée sur l'usage de flèches pour représenter des inclusions n'a pas cette propriété. La représentation des prémisses est aisée : une flèche reliant *x* à *m* représente la première prémisse, tandis qu'une flèche de *m* à y exprime la seconde. On obtient la figure (*b*) qui ne montre pas de flèche directe de *x* a *y*, comme requis pour observer la conclusion recherchée. Il faut donc introduire et appliquer une règle de transitivité des flèches pour obtenir la figure souhaitée (*b´*). En cela, ce schématisme est moins satisfaisant que celui d'Euler pour la résolution de ce type de problèmes logiques.

La représentation des prémisses avec un diagramme de Venn produit la figure (*c*). Venn nous invite alors à lire *directement* sur cette figure la conclusion recherchée. Cette extraction est obtenue en éliminant mentalement le cercle *m* et en *lisant* l'information que nous possédons sur l'état des termes *x* et *y*. Ainsi, l'intersection de *x* et *y* est divisée en deux compartiments par la circonférence du cercle *m*. Le compartiment supérieur est rayé, et est donc vide. Cependant, nous ne connaissons pas l'état du compartiment inférieur. Nous ne pouvons donc déclarer l'intersection entière vide ou occupée, et la laissons donc sans signe distinctif, comme dans (*c´*). La difficulté est que Venn, comme Euler, nous invite à lire les conclusions directement sur le diagramme des prémisses, en éliminant mentalement le(s) moyen(s) terme(s). Si le logicien exercé ne verra pas de problème majeur à réarranger les signes et construire le diagramme de la conclusion, cela peut en revanche s'avérer difficile pour le débutant, surtout s'il a affaire à des problèmes plus complexes.

Cette difficulté amène Couturat à critiquer l'usage des diagrammes pour l'élimination, prétextant que si ces schématismes représentent bien les prémisses, ils ne procèdent pas à leur transformation pour tirer la conclusion :

> Seulement ce schématisme, considéré comme une méthode pour résoudre les problèmes logiques, a de graves inconvénients : il n'indique pas comment les données se traduisent par l'annulation de certains constituants, et il n'indique pas non plus comment il faut combiner les constituants restants pour obtenir les conséquences cherchées. En somme, il ne fait que traduire une seule étape du raisonnement, à savoir l'équation du problème ; il ne dispense ni des étapes antérieures, c'est-à-dire de la « mise en équation » du problème et de la transformation des prémisses, ni des étapes postérieures, c'est-à-dire des combinaisons qui conduisent aux diverses conséquences[36].

Cette critique de Couturat ne doit pas disqualifier l'usage des diagrammes. Il suffit en effet d'énoncer quelques règles simples de transfert pour aider le débutant à construire le diagramme de la conclusion à partir du diagramme des prémisses. C'est par exemple ce que fait Carroll[37]. S'il reconnaît qu'il est possible de lire une conclusion directement sur le diagramme des prémisses, il invite ses lecteurs à plutôt utiliser deux diagrammes distincts : l'un sur lequel sont représentées les prémisses du problème (*d*) et l'autre duquel le moyen terme est éliminé et à partir duquel la conclusion peut être lue (*d'*). Carroll énonce alors des règles de transfert précises pour passer du premier diagramme au second, et donc, des prémisses à la conclusion[38]. C'est précisément ce que font les systèmes formels diagrammatiques modernes, énonçant des règles de construction et de manipulation précises pour raisonner rigoureusement avec des diagrammes.

Amirouche Moktefi
Ragnar Nurkse Department of Innovation and Governance
Tallinn University of Technology, Estonie

36. L. Couturat, *L'Algèbre de la Logique*, Paris, Gauthier-Villars, 1905, p. 77.
37. *Cf.* F. F. Abeles, « Lewis Carroll's Visual Logic », *History and Philosophy of Logic*, 2007, vol. 28, n°1, p. 1-17 ; A. Moktefi, « Beyond Syllogisms : Carroll's (Marked) Quadriliteral Diagram », *Visual Reasoning with Diagrams*, A. Moktefi, S.-J. Shin, (eds.), Basel, Birkhäuser, 2013, p. 55-72.
38. L. Carroll, *Symbolic Logic : Part 1*, London, Macmillan, 1897, p. 53.

DOSSIER

Penser par diagrammes

MÉTAMORPHOSES DE L'ARBRE : DU SCHÈME AU DIAGRAMME ET DU CORAIL AU RHIZOME

Laurence Dahan-Gaida

Paradigme même du diagramme, l'arbre a fait l'objet des convocations les plus variées dans des domaines et aux fins les plus diverses : outil mnémotechnique, modèle d'organisation de la connaissance, hiérarchies conceptuelles, relations généalogiques, processus héréditaires, modélisation de l'histoire ou de l'évolution naturelle, etc. De l'arbre de Porphyre à l'arbre des encyclopédistes, de l'arbre darwinien de la vie aux arbres de l'histoire littéraire de Franco Moretti, les diagrammes arborescents témoignent d'une capacité apparemment infinie à se laisser réactiver pour délivrer des potentiels inédits, quitte parfois à faire émerger des contre-figures comme le rhizome de Deleuze et Guattari, ou encore le corail de Darwin. Cette capacité de métamorphose de l'arbre, qui est explorée ici, explique pourquoi il est souvent considéré comme le diagramme des diagrammes.

Philosophe,
as-tu la chance d'avoir l'arbre
dans ta rue,
tes pensées seront moins ardues,
tes yeux plus libres,
tes mains plus désireuses
de moins de nuit.

Yves Bonnefoy

Arbre généalogique, branches de la connaissance, ramifications de la pensée, terreau culturel, racines linguistiques… autant de métaphores passées dans la langue courante qui témoignent d'une imprégnation diffuse et ancienne de l'image de l'arbre dans les représentations occidentales. La pensée conceptualisante a trouvé dans cette figure un schématisme extrêmement puissant qui a essaimé dans tous les domaines de l'action et de la pensée humaines, où elle s'est imposée comme un modèle quasi universel d'organisation de la pensée. Son ubiquité et sa permanence hors du commun s'expliquent par une organisation topologique marquée par des valeurs d'unité, d'ordre et d'organicité qui en font un vecteur de hiérarchisation et de naturalisation. Si les modèles arborescents restent aujourd'hui présents dans de nombreuses démarches scientifiques ou artistiques, c'est qu'ils ont la capacité d'articuler un principe statique d'ordre et un principe évolutif de croissance, grâce auxquels ils peuvent recouvrir des dynamiques très distinctes : ils permettent aussi bien de créer des hiérarchies conceptuelles que des ramifications plastiques, d'établir des liens cohérents entre le Tout et les parties que d'offrir une vision synoptique et panoptique de ces rapports ; ce sont également des outils taxinomiques très efficaces pour classer et mettre en ordre la connaissance, modéliser des relations généalogiques ou guider la fabrique de l'histoire[1]. On pourrait multiplier les exemples à l'infini, d'autant que la déclinaison du mot « arbre » en « arborescence », du latin *arborescere arborescentem* – vient enrichir le modèle de potentiels dynamiques qui légitiment sa convocation méthodologique pour rendre compte de procédés en cours ou de processus évolutifs[2]. Parce qu'il organise la diachronie en synchronie, l'arbre permet en effet de schématiser idéalement les processus héréditaires et les liens généalogiques, d'où son utilisation pour modéliser les liens familiaux dans le domaine de l'histoire ou dans l'anthropologie de la parenté. De l'Antiquité à la Renaissance, les schèmes arborescents ont régi la grande majorité des processus de fabrique de l'histoire des parentés, tant charnelles que spirituelles, que ce soit à travers le modèle de la généalogie ascendante tiré de l'arbre de Jessé ou celui de la généalogie descendante, tel qu'on le trouve dans les *stemmata* de la Rome antique qui hiérarchisent les membres d'une famille[3].

Cette plasticité, ajoutée à la variabilité formelle et figurative qu'on lui connaît, ont conféré à l'arbre la puissance d'une image pourvue d'un privilège d'intelligibilité immédiate dans tous les domaines. L'arbre n'est pas seulement un signe, il est le signe des signes, le diagramme des diagrammes, celui qui est le mieux en prise avec le réel et son devenir. Qu'il s'incarne dans des images matérielles, des images mentales ou des images métaphoriques, il affirme sa puissance organisatrice dans tous les domaines depuis les débuts de la pensée moderne jusqu'à l'ère numérique. Mais d'où lui vient le potentiel

1. *Cf.* sur cette question l'article de J. Jochen Berns, « Baumsprache und Sprachbaum. Baumikonographie als topologischer Komplex zwischen 13. und 17. Jahrhundert », *in* K. Heck, B. Jahn (hrsg), *Genealogie als Denkform in Mittelalter und Früher Neuzeit*, Tübingen, Niemeyer, 2000, p. 160 *sq.*

2. Cette étude s'appuie largement sur les différents textes parus sur le site « Trames arborescentes », créé et administré par N. Virenque. Né en 2015 d'un projet portant sur le motif tant littéraire qu'iconographique et philosophique de l'arbre et de l'arborescence, ce site propose une vue très complète de ses diverses utilisations dans tous les domaines de la pensée : mathématiques, histoire, biologie, médecine, histoire de l'art, littérature, philosophie, etc. https://trarbor.hypotheses.org.

3. Voir le texte de présentation du site « Trames arborescentes », par N. Virenque et É. Fourcq, mis en ligne le 16 décembre 2015. https://trarbor.hypotheses.org/3. Consulté le 19 septembre 2016.

heuristique qui lui permet de guider la pensée dans les processus de réflexion et de production théoriques, scientifiques ou artistiques ? De ses propriétés topologiques, du travail de visualisation qu'il rend possible ou de la mémoire symbolique dont il est porteur ? Ou découle-t-il plutôt d'une plasticité hors du commun, qui lui a permis de se transformer dans toutes ses relations au fil des réinterprétations et des reconfigurations dont il a fait l'objet ? C'est l'hypothèse qui nous guidera ici et qui nous amènera à voir comment l'arbre est parvenu à se maintenir dans le temps en se réinventant constamment.

L'arbre, diagramme des *diagrammes*

C'est d'abord dans l'ordre du mythe que s'exprime le schématisme imaginal de l'arbre. Selon Mircea Eliade, sa simple présence (sa « puissance ») et sa loi d'évolution (la « régénération ») lui permettent de répéter « ce qui, pour l'expérience archaïque, est le Cosmos tout entier. L'arbre peut donc, sans doute, devenir un symbole de l'univers, forme sous laquelle nous le rencontrons dans les civilisations évoluées, mais pour les civilisations archaïques, l'arbre est l'univers ; c'est qu'il le répète et le résume en même temps qu'il le symbolise[4] ». Dans l'expérience mythico-religieuse, l'arbre est promesse d'une épiphanie de sens dont la portée évoque non seulement la destinée de l'homme mais la structure entière de l'univers[5]. C'est moins à ses propriétés structurelles ou à son efficacité organisationnelle qu'à sa dimension symbolique qu'il doit alors son pouvoir d'irradiation culturelle. Dans *La terre et les rêveries du repos*, Bachelard a réactivé cet imaginaire cosmologique en décrivant l'arbre comme un médiateur entre le ciel et la terre :

> Vivre comme un arbre ! Quel accroissement ! [...] Aussitôt, en nous, nous sentons les racines travailler, nous sentons que le passé n'est pas mort, que nous avons quelque chose à faire, aujourd'hui, dans notre vie obscure, dans notre vie souterraine, dans notre vie solitaire, dans notre vie aérienne. L'arbre est partout à la fois[6].

L'arbre est simultanément principe de totalité – il est « partout à la fois » – et principe de métamorphose puisqu'il relie chacun au passé et au futur du cosmos selon un axe vertical qui est à la fois temporel et spatial. Au cours du temps, le modèle cosmologique a donné lieu à deux grands types de représentations : l'arbre de vie (l'arbre de l'évolution naturelle et singulière des espèces) et l'arbre de la connaissance (l'arbre de l'évolution artificielle et universelle des sciences) qui suppose un dépassement de la nature[7]. Ainsi se sont développées deux grandes familles de diagrammes, aux objets très différents – des connaissances d'un côté, des êtres de l'autre –, mais qui exploitent toutes deux les propriétés topologiques de l'arbre – verticalité, structure ramifiée et hiérarchique, divisibilité – pour classer, catégoriser, organiser, hiérarchiser.

4. M. Eliade, *Traité d'histoire des religions*, Paris, Payot, 1970, p. 232.
5. G. Gusdorf, *Fondements du savoir romantique*, Paris, Payot, 1982, p. 436.
6. G. Bachelard, *La terre et les rêveries du repos*, Paris, Corti, 1948, p. 299.
7. B. Saint Girons, « L'arbre ou le corail : comment imaginer la vie ? », dans J. Pigeaud (dir.), *L'arbre. Ou la raison des arbres*, XVIIe entretiens de La Garenne Lemot, Rennes, Presses Universitaires de Rennes, 2013, p. 132.

Aux origines de l'arbre comme outil de classement, l'arbre de Porphyre, *Arbor porphyriana*, joue un rôle essentiel. La structure hiérarchique inventée par le philosophe néoplatonicien du IIIe siècle de notre ère présente les bases de la logique d'Aristote sous la forme d'un schéma aux divisions dichotomiques qui forment des arborescences indiquant les relations hiérarchiques entre genres et espèces. Le philosophe imagine trois rangées ou colonnes de mots : celle du milieu, analogue à un tronc, contient les séries du genre et de l'espèce ; les rangées de gauche et de droite, analogues aux branches d'un arbre, contiennent les différences[8]. Se réclamant de Platon, qui recommandait de partir des genres les plus généraux pour descendre vers les espèces les plus spéciales, Porphyre indique au moyen de son arbre qu'une espèce est définie par genre et différence générique, et que ce procédé de division se répète jusqu'à ce que l'on ait atteint l'espèce la plus spécialisée : « dans chaque catégorie, il y a certains termes qui sont les genres les plus généraux, d'autres qui sont les espèces les plus spéciales, d'autres enfin qui sont intermédiaires [...] qui sont à la fois genres et espèces[9] ». Livrant une représentation hiérarchique des êtres à partir d'un principe générateur unique, l'arbre de Porphyre n'est pas une structure logique abstraite mais, selon Étienne Gilson, une structure ontologique :

> la division et l'analyse ne sont pas simplement des méthodes abstraites de décomposition ou de composition des idées, mais la loi même des êtres. L'univers est une vaste dialectique, régie par une méthode interne [...]. Le double mouvement de la dialectique n'est donc ni une règle purement formelle de la pensée, ni une invention arbitraire de l'esprit humain. Elle s'impose à la raison comme vraie, parce qu'elle est inscrite dans les choses, où la raison ne fait que la découvrir[10].

Avec ses méthodes de division et d'analyse, la dialectique ne propose donc pas un cadre arbitraire pour la pensée mais un décalque de la complexité ordonnée et hiérarchique du réel. Entre le réel et la pensée, il y a une relation d'homologie, autrement dit une relation iconique qui manifeste une ressemblance abstraite, structurale entre eux : « L'ordonnancement ontologique des existants en genres, espèces et individus n'est pas une conjecture artificielle de l'esprit humain, mais une présentation, une transposition de la structure complexe du réel, classement logique et hiérarchie ontologique sont similaires, double expression d'une même réalité[11] ». Le primat accordé aux principes de la division et de l'analyse fait clairement apparaître la métaphysique néoplatonicienne qui est sous-jacente à l'œuvre de Porphyre : la dichotomie

8. Voir l'article de Y. Hersant, « Arbor Gilpiniana », dans J. Pigeaud (dir.), *L'Arbre, ou la raison des arbres.*, *ibid.*, p 161. Voir également l'article de C. Erismann, « *Processio id est multiplicatio.* L'influence latine de l'ontologie de Porphyre : le cas de Jean Scot Érigène », *Revue des sciences philosophiques et théologiques*, 2004/3 (Tome 88), p. 40-460. Voir enfin S. Auroux, « Dossier 5. Port-Royal et l'arbre de Porphyre », dans *Archives et documents de la Société d'histoire et d'épistémologie des sciences du langage*, Seconde série, n°6, 1992. L'identification d'une catégorie linguistique : l'adjectif. Choix de textes. p. 109-122 ; https://doi.org/10.3406/hel. 1992.3378 ; https://www.persee.fr/doc/hel_0247-8897_1992_num_6_1_3378.

9. Porphyre, *Isagoge* 4.15, trad. fr A. de Libera et A.-Ph. Segonds, Paris, Vrin, 1998.

10. É. Gilson, *La philosophie au Moyen Âge*. Paris, Paris, Payot, 1944, p. 207.

11. C. Erismann, « *Processio id est multiplicatio.* L'influence latine de l'ontologie de Porphyre : le cas de Jean Scot Érigène », art. cit., p. 439.

et la division sont en effet au principe de la dialectique, que Platon considérait comme l'essence même de la pensée philosophique. C'est encore à partir de ce modèle que Bachelard pensera le développement de la connaissance au XXe siècle. Voyant dans l'arbre une véritable analyse en acte, il en fait « le modèle de toute progression par division de l'acte précédent »[12] :

> Le départ culturel de la science prime désormais tout départ naturel. [...] À qui veut faire la psychologie de l'esprit scientifique, pas de meilleur moyen que de suivre un axe précis de progrès, de vivre la croissance d'un arbre de la connaissance, la généalogie même de la vérité progressive. Dans l'axe du progrès de la connaissance scientifique, l'essence de la vérité est solidaire de sa croissance, solidaire de l'extension de son champ de preuves[13].

Figurant un accroissement réglé, le schème de l'arbre implique à la fois l'idée de progrès – dynamisme ascensionnel et épanouissement en hauteur – et celle de solidarité avec l'histoire – ancrage dans le passé et vérification croissante – ce qui en fait un modèle idéal pour penser la dynamique de la connaissance. Au Moyen Âge, les schèmes arborescents seront notamment appelés à traduire une quête d'ordonnancement graduel du savoir, leur structure verticale jouant comme image d'un processus d'élévation ou de progrès. Par ailleurs, de nombreuses études consacrées aux images médiévales et renaissantes d'arbres ont mis au jour leur fondement mnémotechnique, qui explique leur rôle central dans les différents procédés d'acquisition du savoir : organisant visuellement une matière donnée, l'arbre en permet une durable assimilation mentale[14]. Du modèle pythagoricien de la connaissance perdue qu'il s'agit de retrouver par la mémoire jusqu'à l'affirmation d'une vision progressiste de l'histoire et des sciences à la fin de l'humanisme en passant par l'organisation arborescente des arts et des sciences, l'arbre devient un principe d'organisation généalogique qui permet de figurer aussi bien une taxinomie générationnelle des savoirs qu'un imaginaire fondé sur la transmission, pour finalement ouvrir la voie à une réflexion plus générale sur la dimension historique et historiée du savoir. Dans *L'Arbre de science* (*Arbor scientiae*, 1296), le Catalan Raymond Lulle convoque le diagramme arborescent pour le mettre au service d'une présentation encyclopédique et allégorique du savoir : chaque domaine des choses divines et humaines se subdivise en sept parties qui ont pour nom racines, tronc, branches, rameaux, feuilles, fleurs, fruits. L'image des racines, qui se reflète dans les ramifications des branches, peut guider la compréhension parce qu'elle permet de penser des réseaux complexes de lignes qui croissent en divergeant, par scissions recommencées, à partir d'un tronc commun. Cette fonction de l'arbre comme principe d'organisation et de totalisation des savoirs se retrouve plus tard chez Descartes, dans sa « Lettre-préface » aux *Principes de la philosophie* :

12. G. Bachelard, *L'air et les songes*, Paris, Corti, 1943, p. 19.
13. *Ibid.*
14. Voir l'appel à communication pour le colloque « Trames arborescentes I. Confection et croissance de structures textuelles et iconographiques au Moyen Âge et à l'époque moderne ». Texte de N. Virenque et É. Fourcq. Consulté en ligne le 1er décembre 2015 : https://trarborescentes.sciencesconf.org/resource/page/id/28.

> Ainsi toute la philosophie est comme un arbre dont les racines sont la métaphysique, le tronc est la physique et les branches qui sortent de ce tronc sont toutes les autres sciences, qui se réduisent à trois principales, à savoir la médecine, la mécanique et la morale ; j'entends la plus haute et la plus parfaite morale, qui, présupposant une entière connaissance des autres sciences, est le dernier degré de la sagesse[15].

Au XVIIIe siècle, l'arbre cartésien commence à devenir impossible mais il survivra à l'éclatement moderne des savoirs à travers diverses tentatives, notamment celle des romantiques allemands qui voient en lui « une source et une ressource de la compréhension universelle[16] », un modèle d'intelligibilité de la vie par germination et déploiement spatial. La puissance du végétal, qui se divise de lui-même spontanément, leur fournit une image convaincante du savoir et de sa croissance organique, par opposition à l'ordonnancement mathématique de la philosophie en faveur aux XVIIe et XVIIIe siècles. Mais ce sont surtout les grands ouvrages encyclopédiques de l'époque qui vont mettre à l'honneur les propriétés diagrammatiques de l'arbre en le mobilisant comme outil d'articulation et de synthétisation des savoirs.

De l'*Encyclopédie* à l'hypertexte

La pratique commune qui consiste à utiliser le modèle de l'arbre pour ordonner la connaissance s'explique par sa structure ramifiée qui lui permet d'établir des relations hiérarchiques entre les différents domaines de la connaissance, tout en offrant une image synthétique, globale et identifiable de leurs relations. L'*Encyclopédie* de Diderot et d'Alembert, ou *Dictionnaire raisonné des sciences, des arts et des métiers,* n'y fait pas exception : elle est introduite par un tableau arborescent (fig. de gauche) qui est d'abord exposé à la fin de la présentation liminaire. Fondé sur les facultés humaines, l'ordre des connaissances se présente sous la forme d'un diagramme vertical, hiérarchisé et abstrait, qui est à nouveau représenté au début de l'index en deux volumes de l'*Encyclopédie,* cette fois sous une forme figurative (fig. de droite) ayant pour titre : « Essai d'une distribution généalogique des Sciences et des Arts Principaux ». Le « Système figuré » rattache l'ensemble des savoirs humains à l'exercice des trois facultés principales de l'entendement : la mémoire, la raison et l'imagination. Du tronc de l'entendement humain partent les trois branches principales (la mémoire, la raison et l'imagination), qui se divisent à leur tour en sous-branches, rameaux et feuilles (les sciences organisées en catégories et sous-catégories). Pour les deux jeunes éditeurs de l'*Encyclopédie,* il ne s'agit pas seulement de réunir de façon cumulative l'ensemble des connaissances de leur temps mais aussi d'en explorer les liens en exposant autant que possible leur ordre et leur enchaînement[17]. Les premières lignes du « Discours préliminaire » soulignent d'emblée l'importance de ne pas de se limiter à collectionner les connaissances mais de trouver une forme qui constitue un tout organisé, synthétique et cohérent. Il s'agit de classer les

15. R. Descartes, Lettre-préface des *Principes de la philosophie*, Paris, Flammarion, 1996, p. 74.
16. G. Gusdorf, *Fondements du savoir romantique*, *op. cit.*, p. 440.
17. Sur cette question, voir le collectif dirigé par A. Cernuschi, A. Guilbaud, M. Leca-Tsiomis, I. Passeron, *Oser l'encyclopédie. Un combat des Lumières*, Paris, EDP Sciences, 2017.

connaissances humaines en domaines et sous-domaines, en adoptant un ordre qui se définit par « trois choses » : « le nom de la Science à laquelle l'article appartient; le rang de cette Science dans l'Arbre; la liaison de l'article avec d'autres dans la même Science ou dans une Science différente; liaison indiquée par les renvois, ou facile à sentir au moyen des termes techniques expliqués suivant leur ordre alphabétique[18] ». L'ordre encyclopédique va ainsi prendre la forme d'un tableau systématique de l'organisation des connaissances qui sera figuré par un arbre avec un tronc et des ramifications. Mais à côté du « système figuré », un autre modèle lui fait concurrence qui correspond à la forme du dictionnaire : il renvoie à la simple collection de connaissances à l'intérieur d'un même espace, classées selon un ordre conventionnel, indépendant du contenu des articles : l'ordre alphabétique.

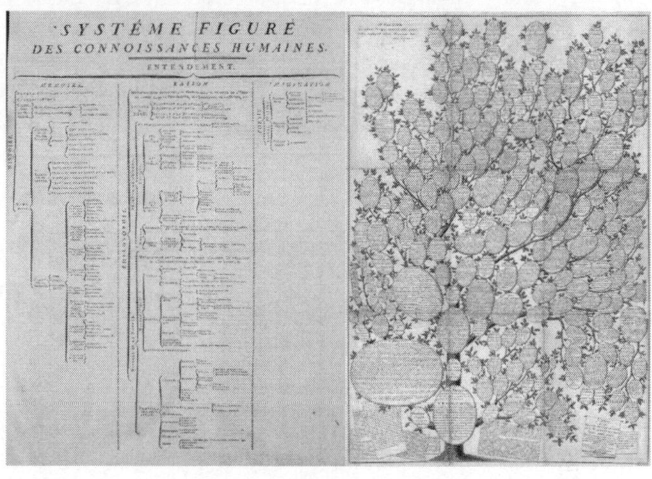

Système figuré des connaissances humaines.
© ARTFL Encyclopédie.

Pour compenser l'émiettement de l'ordre alphabétique, Diderot et d'Alembert proposent un système de renvois qui doit favoriser la circulation encyclopédique à l'intérieur de l'ensemble des savoirs et permettre d'appréhender les connaissances comme un tout, selon la logique universaliste caractéristique des Lumières. Les renvois ne sont pas considérés comme une simple référence explicative mais comme un moyen de tisser le réseau serré qui fait de l'ensemble du savoir humain un continuum. Les deux auteurs insistent en effet sur la « liaison que les découvertes ont entre elles », sur les secours que « les sciences et les arts se prêtent mutuellement », sur « la généalogie et la filiation » des connaissances[19]. Or si les volumes de l'*Encyclopédie* ont bien été conçus pour favoriser les liaisons entre les connaissances au-delà de la dispersion alphabétique imposée par la forme du dictionnaire, l'ordre latent tissé par les renvois ne correspond pas à une organisation arborescente. En effet, si l'on

18. A. Cernuschi, A. Guilbaud, M. Leca-Tsiomis, I. Passeron, *Oser l'encyclopédie, op. cit.*, p. XVIII.
19. *Ibid.*, p. 91.

suit l'un des cheminements proposés par le système des renvois, on se rend compte que le parcours ne suit pas les branches de l'arbre des connaissances mais qu'il saute au contraire d'une branche à l'autre. Tout se passe comme si le modèle arborescent était une sorte de « maquette de laboratoire » qui avait permis de penser les liaisons entre les différents savoirs mais sans correspondre à son mode d'organisation effectif[20]. Il y a donc un hiatus entre le diagramme chargé de visualiser la topographie des connaissances telle qu'elle apparaît dans le corpus de l'*Encyclopédie* et les renvois qui construisent un système virtuel distinct du modèle arborescent. Alors que le Système figuré est un tableau synthétique, immédiatement saisissable dans son ensemble, la structure générale imposée par les renvois est impossible à envisager dans sa totalité : 23 000 articles comportent au moins un renvoi, de sorte que leur nombre total s'élève à 61 700. Chargés d'aiguiller directement le lecteur dans sa circulation à l'intérieur de l'encyclopédie, les renvois construisent des trajets possibles pour le lecteur/voyageur qui se meut ainsi à l'intérieur d'une carte de référence où il peut déterminer sa position exacte[21]. À ceci près que la carte du voyageur est ici constituée par toute la hiérarchie du savoir humain, ouvrant ainsi l'aventure de la lecture sur l'infini. L'illimitation des renvois s'explique par la nature même du projet encyclopédique qui exige une forme ouverte, non totalisable, dont la carte donne une meilleure traduction que l'arbre. Étant à l'orientation spatiale ou géographique ce que le diagramme est à l'orientation dans le champ cognitif, la carte permet de s'orienter, de transformer un espace étranger en un espace d'action potentiel pour son utilisateur qui pourra s'y mouvoir et y agir. Ce qui la distingue de l'arbre, c'est qu'elle propose une représentation dynamique, faite de trajets et de parcours plutôt que d'emplacements définis. Alors que la carte privilégie les relations spatiales, de proximité ou d'éloignement, l'arbre donne plutôt à voir des relations généalogiques.

Autrefois utilisée par les encyclopédistes, la métaphore de la carte a aujourd'hui cédé la place à une autre image pour caractériser le système des renvois de l'*Encyclopédie* : celle de l'hypertexte qui a souvent été décrit comme l'ancêtre de l'encyclopédie tandis que Diderot devenait « l'internaute d'hier[22] ». Contrairement aux textes traditionnels, l'hypertexte n'est pas une entité « fixe, délimitée, organisée séquentiellement » mais « un ensemble virtuel composé de fragments délocalisables, agençables en fonction de l'actualisation des liens associatifs potentiels[23] ». L'hypertexte marque une rupture dans le processus de lecture au sens où le lecteur n'est pas tenu de lire l'intégralité du document hypertextuel (et ne le fait pas en général) tandis que la lecture d'un livre se fait généralement du début à la fin (ce qui ne vaut pas, bien sûr, pour l'*Encyclopédie*). Interdisant toute lecture linéaire, il favorise le passage constant d'une partie d'un document à une autre ou d'un document

20. A. Cernuschi, A. Guilbaud, M. Leca-Tsiomis, I. Passeron, *Oser l'encyclopédie. Un combat des Lumières*, *op. cit.*, p. 95.
21. *Ibid.*, p. 48.
22. É. Brian, « L'ancêtre de l'hypertexte », *Les Cahiers de Science et Vie* n°47, oct. 1998, p. 28-38.
23. C. Durieux, « Texte, contexte, hypertexte », *Cahier du C.I.E.L.* (1994-1995), p. 215-228. Cité par F. Sammarcelli : « Virtualité et complexité : à propos de *La Boucle de Jacques Roubaud* », *TLE n°14/1996 : La théorie au risque de la lettre*, p. 69.

à d'autres documents. De même, l'*Encyclopédie* ne se parcourt pas de façon linéaire, le système de renvois et la présence de matériaux hétérogènes (textes, planches, tableaux, etc.) dessinant des parcours sinueux à l'intérieur d'un espace qui résiste à toute unification. Enfin, comme le souligne Christian Vandendorpe, l'abondance des données disponibles, jointe à une sollicitation constante de l'attention, impose dans l'hypertexte une « dynamique de lecture [...] caractérisée par un sentiment d'urgence, de discontinuité et de choix à effectuer constamment[24] ». L'aspect « hypertextuel » de l'Encyclopédie est plus frappant encore dans les versions électroniques qui ont été produites par ARTFL[25] ou par l'ENCCRE en 2017[26]. Dans les versions numériques, le lecteur a la possibilité de « naviguer » directement d'un article à un autre en cliquant sur les renvois, comme dans un véritable document hypertexte. Le système horizontal des renvois substitue à l'ordre hiérarchique un ordre rhizomatique qui permet de construire une multiplicité irréductible, sans origine ni fin unificatrice, un système ouvert défini par les réalités hétérogènes qu'il relie par la seule variabilité des mises en relation effectuées par le lecteur.

L'*Encyclopédie* vit donc de la tension entre une totalité virtuelle qui s'annonce dès le début sous la forme actualisée d'un diagramme arborescent d'un côté et, de l'autre, le maillage des nœuds et des connexions qui tisse ses propres lignes de force dans l'espace du livre. Cette tension est le reflet de celle qui habite tout projet de totalisation du savoir : un tel projet requiert en effet un système rigoureux de classification et d'organisation des connaissances mais en même temps, il ne peut se passer d'un principe dynamique qui rende compte de la variabilité des relations entre elles et de leur évolution dans le temps.

Arbres mathématiques

Depuis l'Antiquité, les arbres et les arborescences ont été mobilisés par les mathématiques pour schématiser des raisonnements ou formaliser leur langage, en exploitant non seulement leurs qualités graphiques, voire iconographiques, mais aussi logiques, mnémotechniques, heuristiques et symboliques. Il suffit d'ailleurs de penser aux « mots de l'arbre » – racines, souches, etc. – pour se convaincre de l'importance des diagrammes arborescents pour la pensée mathématique. Dès l'Antiquité tardive, des structures arborescentes apparaissent pour organiser les parties des mathématiques entre elles et pour spécifier leur rapport avec les autres domaines du savoir. Lorsque Boèce regroupe les quatre arts mathématiques au sein des arts libéraux sous l'appellation de « quadrivium », l'arbre devient un outil de classification qui permet d'établir des rapports de hiérarchie ou de généalogie entre les différentes parties des mathématiques. Mais l'arbre possède par lui-même des propriétés mathématiques

24. C. Vandendorpe, *Du Papyrus à l'hypertexte. Essai sur les mutations du texte et de la lecture*, Paris, La Découverte, 1999, p. 11.

25. L. Andreev, J. Iverson et M. Olsen, « Re-engineering a War-Machine : ARTFL's Encyclopédie », *Literary and Linguistic Computing*, 1 (14), avril 1999, p. 11-28. Le projet ARTFL est un consortium né en 1982 d'un accord entre le gouvernement français et l'université de Chicago où a été menée à bien la première numérisation de l'*Encyclopédie*.

26. L'acronyme ENCCRE renvoie à *l'Édition Numérique Collaborative et Critique de l'Encyclopédie*, dont la mise en ligne correspond à la publication du collectif déjà cité, *Oser l'encyclopédie*. Cette édition est fondée sur la numérisation du premier tirage de la première édition de l'*Encyclopédie*.

qui seront exploitées, non seulement pour visualiser la taxinomie de la discipline, mais aussi pour naturaliser l'abstraction, innerver le raisonnement mathématique ou encore informer symboliquement l'écriture du langage mathématique[27]. Il apparaît très tôt dans la théorie des proportions qui traite de l'analogie, autrement dit du « rapport mathématique entre quantités » ou, plus précisément, de « l'égalité de deux rapports par proportion »[28]. Au XVIe siècle, Gemma Frisius va proposer une transposition graphique de la théorie euclidienne des proportions sous la forme d'un arbre inversé (la « racine » se trouve placée en haut de la page) qui représente de manière synthétique différents rapports de proportions[29]. De la transposition graphique des propositions euclidiennes à la modélisation informatique du calcul des proportions d'une fractale, le modèle arborescent se trouve ainsi au fondement de toute réflexion sur les rapports mathématiques[30]. Les structures arborescentes ont aussi été utilisées pour innerver la progression d'un raisonnement mathématique, même lorsqu'il n'est pas matérialisé sous une forme figurative, comme par exemple dans la modélisation de la suite de Fibonacci. Sous sa forme graphique, plane, abstraite spatialisée, l'arbre a également joué un rôle important dans l'écriture du langage mathématique, où il a notamment servi une critique de la linéarité ordonnée finale du calcul, lui substituant une disposition en tableau ou en triangle, comme dans le triangle dit de Pascal ou « triangle arithmétique ». Selon Jean Dhombres, cette spatialisation de l'écriture marque le passage à une abstraction plus grande de la notation mathématique[31]. Rendant visible un rythme particulier de la pensée qui se coule dans une disposition non linéaire, elle montre à quel point l'ordre suivi dans le calcul ou la démonstration mathématique n'est pas naturel mais imposé par des modèles *a priori*[32].

La spatialisation amorcée par le triangle arithmétique va trouver une suite objective dans la théorie des graphes dont les arbres sont des cas particuliers. En termes strictement mathématiques, un graphe peut être défini comme un ensemble de sommets et d'arêtes liant certains sommets. Lorsqu'un sommet est distingué par rapport aux autres et qu'il existe un chemin unique de lui vers tous les autres sommets, on le dénomme racine et la même structure d'arbre s'appelle alors arborescence[33]. La notion de connexité signifie qu'on peut aller par une succession d'arêtes de tout sommet à tout autre sommet.

27. *Cf.* l'appel à communication pour la journée d'études consacrée aux trames arborescentes dans les mathématiques : « Les trames arborescentes en mathématiques : histoire et épistémologie d'un outil diagrammatique ». Organisation : N. Virenque, A. Paris, S. Sancho Fibla. Disponible à l'adresse suivante : https://trarborescentes.sciencesconf.org/. Consulté le 1er septembre 2018.

28. C'est le terme utilisé par Aristote pour marquer le type de rapport où « un second terme est à un premier ce qu'un quatrième est à un troisième » (*Poétique*, 1457b 16-26), selon la célèbre formule : a/b = c/d. Voir l'article « Analogie » par A. de Libera dans le *Vocabulaire européen des philosophies*, B. Cassin (dir), Paris, Seuil-Le Robert, 2004, p. 84-86.

29. Sur les rapports de l'arbre avec les mathématiques, voir l'article de J. Dhombres, « Pourquoi analyser l'usage mathématique des mots et des symboles de l'arbre ? », dans *L'arbre. Ou la raison des arbres*, J. Pigeaud (dir.), *op. cit.*, p 365-392. Ici p. 371.

30. *Ibid.*

31. *Ibid.*, p. 376.

32. *Ibid.*, p. 377.

33. R. Faure, B. Lemaire et C. Picouleau, *Précis de recherche opérationnelle : Méthodes et exercices d'application*, Paris, Dunod, 2009.

Quant au cycle, il est un chemin qui part d'un sommet et qui y revient en passant par d'autres sommets. Lorsqu'un graphe connexe ne contient pas de cycle, on parle d'un arbre[34]. Aujourd'hui, les diagrammes arborescents sont devenus omniprésents en informatique, où ils renvoient généralement à une organisation des données en *mémoire*, à la fois logique et hiérarchisée, qui utilise une structure algorithmique d'*arbre*. Sur le fond on peut considérer un arbre comme la généralisation d'une liste car toutes les listes peuvent être représentées par des arbres. Les organisations arborescentes rendent rend plus efficace la consultation et la manipulation des données stockées, ce qui explique leur succès en informatique, où elles servent principalement à l'organisation hiérarchique des fichiers sur une partition (arborescence de fichiers), au tri des données en mémoire (tri arborescent) et à l'organisation des fichiers en mode séquentiel indexé[35].

Les diagrammes arborescents sont devenus omniprésents en informatique.

Parce qu'ils sont des outils de formalisation et d'abstraction, les diagrammes arborescents ont connu une grande fortune à l'ère structuraliste où ils ont été notamment convoqués dans les domaines de la linguistique et de la narratologie. En linguistique, les arbres syntaxiques de Chomsky ont été utilisés pour représenter la structure syntaxique d'une phrase ou d'un texte. Cette opération suppose une formalisation du texte, qui est vu le plus souvent comme élément d'un langage formel, défini par un ensemble de règles de syntaxe formant une grammaire formelle. La structure révélée par l'analyse donne alors précisément la façon dont les règles de syntaxe sont combinées dans le texte. Cette structure est souvent une hiérarchie de syntagmes, représentable par un arbre syntaxique qui décompose la phrase ou le texte en ses parties constitutives, tout en expliquant leur forme, leur fonction et leurs relations syntaxiques. La structure hiérarchique et ordonnée du modèle arborescent est particulièrement adéquate pour donner une représentation structurale du langage. Dans *Le plaisir du texte*, Roland Barthes l'a exprimé de manière très claire : « La Phrase est hiérarchique : elle implique des sujétions, des subordinations, des rections internes. De là son achèvement : comment une hiérarchie pourrait-elle rester ouverte ? La Phrase est achevée ; elle est même précisément : ce langage-là qui est achevé[36] ». Dès sa constitution en tant que discipline, la narratologie a elle aussi recouru au modèle de l'arbre et au champ lexical de l'arborescence pour identifier, voire modéliser des processus à l'œuvre dans le récit. Ces modélisations ont parfois fait l'objet d'une transposition diagrammatique fondée sur la théorie des graphes. Il est intéressant de noter que les narratologues font souvent appel à la métaphore généalogique pour figurer la structure arborescente du langage. Ainsi, Patricia Drechsel Tobin compare la phrase à « une généalogie en miniature. À son

34. J. Dhombres, « Pourquoi analyser l'usage mathématique des mots et des symboles de l'arbre ? », art. cit., p. 372.

35. Voir l'article « Arborescence » sur Wikipedia : https://fr.wikipedia.org/wiki/Arborescence. Consulté le 26 mars 2020.

36. R. Barthes, *Le Plaisir du texte*, Paris, Seuil, 1973, p. 80.

origine, elle engendre une lignée de mots qu'elle entretient tout du long par une descendance ordonnée et une obéissance filiale, et par sa clôture, elle maintient la famille des mots en tant que totalité exclusive[37] ». L'« impératif généalogique », annoncé par le sous-titre de l'ouvrage, impose à la phrase ses principes de hiérarchie, de subordination, d'unité et de totalité, légitimant ainsi une approche générative et linéaire de la langue : « La domination linéaire ne se limite pas non plus à la vie, à la famille et à la prose fictionnelle. Il y a une dimension du langage en général où, prenant la phrase comme famille de mots et comme unité de sens, les phrases croissent selon le même principe de génération sérielle, en vertu duquel les séquences impliquent leur propre achèvement et où la clôture peut être retracée jusqu'à l'origine[38] ». Dans les années 90, les diagrammes arborescents referont leur apparition dans la théorie littéraire avec Franco Moretti qui reprend la métaphore généalogique dans une perspective explicitement darwinienne pour soutenir son projet d'une « autre histoire de la littérature ».

L'arbre comme outil de critique littéraire

Le critique italien a présenté son projet une première fois dans son *Atlas du roman européen 1800-1900*, avant de lui donner une forme plus radicale et plus achevée dans son essai-manifeste de 2008, *Graphes, cartes et arbres*[39]. Rompant avec la tradition bien enracinée des microlectures, Moretti en appelle dans cet ouvrage à une autre façon de lire, non plus de « près » selon la pratique du *close reading*, mais « de loin » et en le « prenant de haut[40] ». Plus précisément, il ne s'agit plus de *lire* mais de *voir* pour comprendre les mécanismes de développement et d'évolution de la littérature mondiale. Et pour *voir*, il faut appliquer à la littérature un « processus de réduction et d'abstraction délibéré » qui consiste à compter, quantifier, mettre en série, cartographier, diagrammatiser plutôt qu'à *interpréter*. Immense dépaysement pour les littéraires qui revendiquent comme leur spécificité une approche herméneutique attentive au sens des textes individuels plutôt qu'aux relations et aux ensembles. Or Moretti les convie sans ambages à utiliser une méthode qui emprunte ses modèles aux disciplines les plus éloignées des études littéraires : « les graphes de l'histoire quantitative, les cartes de la géographie et les arbres de la théorie de l'évolution »[41], auxquels sont consacrées respectivement les trois sections de l'ouvrage. De graphe en arbre et de carte en diagramme, l'objectif est d'expliquer des faits et des structures générales

37. P. D. Tobin, *Time and the Novel. The Genealogical Imperative*, Princeton, Princeton University Press, 1978, p. 18 : « The sentence [...] is a genealogy in miniature. At its origin it fathers a progeny of words, sustains them throughout in orderly descent and filial obedience, and through its act of closure maintains the family of words as an exclusive totality. » Nous traduisons.

38. *Ibid.*, p. 8 : « Nor does the linear dominance limit itself to life, the family, and prose fiction. There is a line to language in general in which, taking the sentence as a family of words and the unit of meaning, sentences grow by the same principle of serial generation, whereby sequences imply their own terminations, and closure can be traced back to origin. ». Nous traduisons.

39. F. Moretti, *Graphes, cartes et arbres. Modèles abstraits pour une autre histoire de la littérature*, Paris, Les Prairies Ordinaires, 2008. Voir du même auteur, *Atlas du roman européen 1800-1900*, Paris, Seuil, 2000.

40. Selon les termes de M. Escola, « Voir de loin. Extension du domaine de l'histoire littéraire », *Acta fabula*, vol. 9, n°6, Juin 2008; http://www.fabula.org/acta/document4291.php. Page consultée le 03 juillet 2018.

41. L. Jeanpierre, « Introduction », *Graphes, cartes et arbres*, *op. cit.*, p. 14.

qui apparaissent « en masse » afin de parvenir à une représentation à la fois simple et économique du système littéraire dans son ensemble. La tâche des diagrammes arborifiés dans ce projet est de restituer « le mouvement des métamorphoses et ses lois, les chances d'émergence et de survie de formes nouvelles, la possibilité pour le système littéraire de produire du nouveau, des ruptures d'ordonnancement ou la reproduction de soi à toutes les échelles : techniques d'écriture, genres, traditions nationales, systèmes d'échanges dans l'espace littéraire mondial[42] ». L'arbre de Moretti est explicitement emprunté aux théories néo-darwiniennes de l'évolution qui sont gouvernées par les principes de sélection naturelle et d'extinction, lesquels obligent « à penser ensemble succession diachronique et écartement synchronique, en laissant à décider quel axe est le plus significatif[43] ». Le bénéfice heuristique escompté est une représentation synoptique de l'histoire littéraire où « l'histoire et la forme » seront corrélées de manière systématique, comme deux dimensions du même arbre. Selon Moretti, l'évolution de la littérature est en effet soumise à des « forces » sociales et morphologiques dont il entend rendre compte à l'aide d'une « morphologie comparée[44] » dont il emprunte les principes au zoologiste anglais D'Arcy Thompson qui cherchait à « déduire de la *forme* d'un objet les *forces* qui ont agi ou agissent sur elle[45] ». Dans le même esprit, Moretti se donne pour objectif d'analyser ce qu'il appelle l'« aspect le plus profondément social de la littérature » : « La forme en tant que force[46] ».

Mais de quelle nature sont les forces qui informent l'histoire littéraire? Pour expliquer les mutations de l'écosystème littéraire, Moretti recourt à deux modèles différents. Il invoque tour à tour la pression externe du « milieu littéraire » (évolution sociale et économique, pressions politiques, etc.) et les forces sociales internes au milieu littéraire où opère la « sélection naturelle » (invention régulière de nouveaux sous-genres au rythme du renouvellement des générations)[47]. L'évolution du système littéraire s'explique ainsi par deux types de forces et de milieux au sens biologique du terme. Ce qui détermine la victoire de telle force sur telle autre, c'est le principe darwinien des « variations avantageuses » qui, dans l'éventail des formes, des procédés et des traditions littéraires, sont seules à persister au cours de l'évolution. L'exemple donné est un arbre illustrant les relations entre Conan Doyle et ses contemporains immédiats qui, contrairement à lui, n'ont pas utilisé d'« indices » dans leurs romans et sont très vite tombés dans l'oubli. Le constat a valeur d'illustration de l'une des lois du « marché littéraire », à savoir « une compétition impitoyable fondée sur la forme[48] », qui entraîne la disparition de récits n'employant pas un procédé narratif plébiscité par les lecteurs : « la divergence devient alors, comme l'a vu Darwin, inséparable de l'extinction[49] ». Solidaire de l'extinction, la divergence est selon Moretti le

42. L. Jeanpierre, « Introduction », *Graphes, cartes et arbres*, *op. cit.*, p. 18.
43. M. Escola, « Voir de loin. Extension du domaine de l'histoire littéraire », art. cit., paragraphe 16.
44. F. Moretti *Graphes, cartes et arbres*, *op. cit.*, p. 124.
45. *Ibid.*, p. 92.
46. F. Moretti (dir.), *La littérature au laboratoire*, Paris, Les éditions d'Ithaque, 2016, p. 262.
47. M. Escola, « Voir de loin. Extension du domaine de l'histoire littéraire », art. cit., paragraphe 17.
48. F. Moretti, *Graphes, cartes et arbres*, *op. cit.*, p. 104.
49. *Ibid.*, p. 110.

principe dominant de l'évolution littéraire. Il s'agit là d'une transposition, à l'évolution culturelle, de la dynamique de l'évolution naturelle qui, selon Stephen Jay Gould, consiste en cela que « la sélection naturelle favorise généralement, au sein du spectre des variants issus d'une souche parentale donnée, les formes les plus divergentes, les plus différentes, les plus extrêmes[50] ». Transposé à l'histoire littéraire, ce principe impose l'idée d'une succession historique par divergences formelles : les formes, en changeant, se mettent à diverger l'une de l'autre, allant « d'une origine commune unique à une immense variété de solutions[51] ». Cette contrainte directionnelle de la croissance n'est pas pour Moretti un obstacle mais une hypothèse heuristique qui lui permet de rendre compte, de manière schématique et intuitive, des temporalités multiples qui sont à l'œuvre dans l'apparition et la péremption apparemment cyclique des sous-genres, au sein de genres pensés sur le mode de la longue durée. Ce schéma évolutif ayant été appliqué avec succès à la linguistique, le critique considère comme légitime son application à la littérature ou, du moins, aux formes littéraires, avec leurs genres et leurs sous-genres : « si le langage évolue par divergence, pourquoi pas la littérature ?[52] ». Ici, on pourrait craindre que Moretti soit victime d'une argumentation circulaire : informant par avance la matière à traiter, le modèle darwinien ne fait-il pas apparaître un mode d'évolution posé *a priori*, qui dépend plus des propriétés morphologiques de l'arbre que de la véritable dynamique de l'histoire littéraire ? Cette objection est entrevue par le critique italien lorsqu'il oppose ses propres thèses à la plasticité morphologique du champ culturel postulée par Stephen Jay Gould pour qui l'évolution « culturelle », contrairement à l'évolution « naturelle », se caractérise par une tendance au syncrétisme et à l'hybridation :

> À tous les niveaux de l'éventail du vivant, l'évolution darwinienne est une histoire de prolifération continue et irréversible [...] un processus permanent de séparation et de différenciation. En revanche, le changement culturel est puissamment stimulé par la fusion et l'anastomose des différentes traditions. Un voyageur intelligent peut découvrir la roue dans une contrée étrangère, rapporter l'invention chez lui et changer radicalement et définitivement la culture de sa propre société[53].

Pour comprendre le pouvoir des formes, des genres ou des traditions dans le temps, le « syncrétisme » est donc tout aussi important que la « divergence », « l'interconnexion » que « l'arborescence », conclut Moretti[54]. Mais pour qu'il y ait convergence encore faut-il qu'il y ait eu une divergence première, et cette convergence à son tour produit une nouvelle et puissante poussée de divergence, ajoute-t-il : « La divergence prépare le terrain à la convergence qui provoque une nouvelle divergence : voilà, semble-t-il, la configuration typique[55] ». Le modèle se trouve ainsi dynamisé à travers une série de

50. S. Jay Gould, *La structure de la théorie de l'évolution*, Paris, Gallimard, 2006, p. 334.
51. F. Moretti, *Graphes, cartes et arbres*, *op. cit.*, p. 102.
52. *Ibid.*
53. S. Jay Gould, *L'éventail du vivant. Le mythe du progrès*, Paris, Seuil, 1997, p. 271.
54. F. Moretti, *Graphes, cartes et arbres*, *op. cit.*, p. 112.
55. *Ibid.*, p. 114.

divergences rattrapées en convergences à l'intérieur d'une histoire culturelle qui emprunte ses principes à l'évolution naturelle. L'arbre autorise en effet une construction pas à pas, phase par phase, qui modélise l'enracinement dans l'histoire comme une progression rythmique, par scissions recommencées à partir d'un tronc commun. Mais ce modèle rend-il vraiment compte de la dynamique de l'évolution littéraire ou a-t-on affaire à un raisonnement circulaire qui se contente de retrouver dans les conclusions les prémisses de départ ? Le principe de croissance par divergence est-il une propriété de la matière traitée ou du modèle utilisé pour en rendre compte ? Auquel cas son utilisation ne répondrait pas à une démarche véritablement heuristique mais servirait seulement à étayer son postulat d'une histoire littéraire gouvernée par la divergence. Ce qui reviendrait à substituer à la dynamique de l'évolution la structure de l'arbre prise comme substance : « non content de l'ordonner et de la hiérarchiser, il finit par la définir en devenant la structure même, substantielle, de son énoncé[56] ». En effet, si toute matière peut faire l'objet d'une modélisation en arborescence, on risque de perdre de vue la singularité de la matière traitée en la réduisant à la structure du schéma arborescent lui-même. D'où la nécessité de bien distinguer la *matière* de sa *représentation* afin de préserver la première des médiations culturelles susceptibles de la dénaturer. Car on ne peut jamais être assuré de ne pas importer inconsciemment des contenus préformés dans le savoir que l'on cherche à construire à l'aide de l'arbre. Un écueil auquel Darwin fut lui-même confronté au moment de proposer sa modélisation de l'évolution naturelle, le fameux diagramme de la vie, dont l'étude génétique montre comment il oscille entre la figuralité de deux diagrammes naturels : l'arbre et le corail.

L'arbre de la vie : Darwin

Le fameux arbre de vie (*tree of life*) ou arbre généalogique des vivants est incontestablement l'un des diagrammes les plus influents dans notre vision du monde depuis cent cinquante ans. Posant le problème du rapport de la genèse et de la forme, de la spontanéité naturelle et de la structure, l'arbre devient avec Darwin le diagramme de la plasticité du vivant. Ce diagramme stylisé et abstrait est le seul dessin à illustrer *De l'origine des espèces*. Darwin y a résumé son histoire naturelle par une combinaison de points et de lignes, de chiffres et de lettres qui permet d'embrasser d'un coup d'œil une histoire naturelle qui révèle la parenté de tous les êtres vivants, ceux qui nous entourent et ceux qui ont depuis longtemps disparu. Ce diagramme a été très souvent commenté, au point de devenir un moment incontournable dans tout ouvrage comportant dans son titre les mots « Darwin » ou « darwinisme ». Après les scientifiques, les philosophes et les anthropologues, ce sont maintenant les historiens de l'art qui proposent une interprétation génétique de l'arbre de la vie en s'attachant aux esquisses qui ont conduit

56. Voir l'appel à communications de *Trames arborescentes II* par N. Virenque : « Le recours aux trames arborescentes en art, littérature et sciences humaines de l'Antiquité à nos jours », https://char.hypotheses.org/5946. Consulté le 1er décembre 2016.

au diagramme publié[57]. Darwin n'a en effet cessé de proposer de nouveaux croquis de ce qu'il appelait son « étrange diagramme[58] » (*queer diagram*), qu'il corrigeait, retravaillait, améliorait inlassablement, tout comme il le faisait des illustrations qu'il commandait à des dessinateurs de métier. Ses esquisses puisent abondamment au vocabulaire graphique de l'époque : des lignes pour signifier le temps, des angles pour montrer la ressemblance des organismes, des pointillés pour symboliser la disparition d'une espèce. Par son activité graphique, Darwin apprit à penser en termes de millions d'années, à évaluer les conséquences des petites variations sur le temps long et à les mesurer par l'angle d'inclinaison d'une ligne[59].

L'arbre de la vie est un diagramme au sens fort du terme car il permet de visualiser sous une forme spatiale des relations causales, temporelles et hiérarchiques qui inscrivent l'enchevêtrement dynamique de la lutte pour la vie dans un espace schématisé. Présenté par Darwin comme le symbole de son œuvre, l'arbre de la vie est le chiffre de la Nature saisie *comme un tout*. Sans cette représentation synoptique, il serait impossible de se faire une image globale du processus de la sélection et de la variation naturelles. L'arbre de la vie permet de saisir en *un coup d'œil* l'infinie variabilité de la nature, la survie et l'extinction des espèces ainsi qu'un ensemble de mécanismes abstraits tels que la généalogie intergénérationnelle ou la coordination entre variation et hérédité qui mène à la divergence et à l'extinction. Comme l'écrit Horst Bredekamp :

> Darwin a traduit son histoire naturelle dynamisée dans une image diagrammatique grâce à laquelle on pouvait reconnaître d'un coup d'œil l'enchevêtrement de la *Struggle for Life*. La lutte pour la vie, symbolisée par la combinaison des points et des lignes, des chiffres et des lettres, devenait le médium d'explication du système en *soi*. [...] L'image devint la vraie nature de l'évolution[60].

Exhibant dans le visible des opérations jusque-là restées muettes, l'arbre de la vie tire son pouvoir heuristique des opérations de visualisation et de contraction par lesquelles il rend intelligibles les principes dynamiques qui gouvernent l'évolution des espèces. Comme tous les diagrammes, il permet de modéliser son objet par abstraction et simplification. Mais derrière le lissé géométrique, quel est le schème originaire qui a guidé Darwin ? C'est la question posée par Horst Bredekamp dans *Les coraux de Darwin*. Replaçant le diagramme à la fois dans l'histoire générale des représentations de la nature et dans celle de la pensée darwinienne, l'historien de l'art fait l'hypothèse que, derrière le « *tree of life* », se cacherait non pas l'image d'un arbre mais la structure du corail. La doxa darwinienne reposerait donc sur un malentendu où les bras des coraux ont été pris pour des branches d'arbres et les buissonnements coralliens pour un arbre généalogique. Les carnets de

57. Voir en particulier les deux ouvrages suivants : J. Voss, *Darwins Bilder. Ansichten der Evolutionstheorie 1837-1874*, Frankfurt am Main, Fischer Taschenbuch Verlag, 2007. H. Bredekamp, *Les coraux de Darwin, Premiers modèles évolutionnistes et tradition de l'histoire naturelle*, Paris, Les presses du réel, 2008.

58. Dans une lettre au géologue Charles Lyell, datée du 2 septembre 1859. Cité par T. Hoquet, *Comment lire* L'Origine des espèces *?*, Paris, Seuil, 2009, p. 123.

59. J. Voss, *Darwins Bilder*, *op. cit.*, p. 20.

60. H. Bredekamp, *Les coraux de Darwin*, *op. cit.*, p. 129.

Darwin, qui ont été les supports actifs du processus intellectuel menant à la théorie de l'évolution, montrent en effet que le naturaliste anglais a exploré successivement différentes possibilités graphiques avant de publier son livre. Le laboratoire privé de ses carnets donne notamment à voir une oscillation entre l'image d'un arbre plus ou moins généalogique et le formalisme du corail, qu'il a très tôt mobilisé puis constamment repris, décliné, mis à l'épreuve d'autres modèles, pour finalement l'abandonner au profit du diagramme arborescent. Une décision motivée par la crainte de perdre la paternité de ses recherches face à son concurrent Alfred R. Wallace[61].

Bredekamp avance un second argument en faveur du modèle corallien : le hiatus qui existe entre texte et image dans *L'origine des espèces.* Le commentaire de l'arbre et le diagramme sont en effet traités dans deux développements nettement séparés, ce qui place le lecteur face à une situation où Darwin semble refuser « la métaphore de l'arbre dès qu'il décrit le diagramme et, en retour, ne dit mot de la planche quand il évoque cette métaphore[62] ». Dans le commentaire qui introduit l'arbre de la vie, le naturaliste n'évoque en effet nulle part les branches d'un arbre, pas un seul mot ne désigne des feuilles ou des rameaux, le diagramme est commenté en termes abstraits, évacuant ainsi tout ce que le mimétisme naturel peut avoir de frappant. Lorsque les branches sont évoquées, c'est presque toujours au sens d'embranchement, à savoir la forme géométrique de la division qui n'a pas de rapport nécessaire avec les branches naturelles de l'arbre. Darwin décrit le diagramme *more geometrico*, c'est-à-dire par le seul usage des termes « points » et lignes « pointillées », « continues » ou « interrompues » ainsi que par le recours à des chiffres et des lettres. Le mot « arbre » lui-même n'apparaît qu'à la fin du chapitre 4, entouré de marques d'hésitation, probablement en raison des échos religieux associés à l'arbre de la vie : « On a quelques fois représenté au moyen d'un grand arbre les affinités de tous les êtres de la même classe, et je crois que cette image est très juste sous bien des rapports[63] ». Le conflit entre l'arbre et le corail prend donc la forme d'un clivage entre le langage et l'image : tout se passe comme si Darwin n'avait pu se passer du recours à l'arbre mais que cette image portait la trace de la contradiction intérieure qui le conduisit à propager, pour des raisons de paternité, une structure arborescente dont il n'était pas intimement convaincu.

■ 61. En 1858, Alfred R. Wallace avait en effet rédigé un article qui mobilisait le modèle de l'arbre pour mettre en images l'évolution, faisant craindre à Darwin de perdre la paternité de la théorie. Dans son modèle, Wallace attribuait au tronc et aux branches principales la fonction que remplissait dans le modèle de Darwin le tronc pétrifié des coraux. *Ibid.*, p. 71.

■ 62. *Ibid.*, p. 95. Notons que Darwin aura eu besoin de 11 pages pour expliciter ce que les lignes, les points, les traits, les lettres et les chiffres montrent en une seule et unique image. Ces pages sont comme le « mode d'emploi » de la théorie. Distribuées sur trois passages distincts du livre, elles se situent à des moments clés de l'argumentation.

■ 63. C. Darwin, *L'origine des espèces au moyen de la sélection naturelle* (1859), fac-similé de la première édition, Cambridge (MA), 2001, p. 180-181.

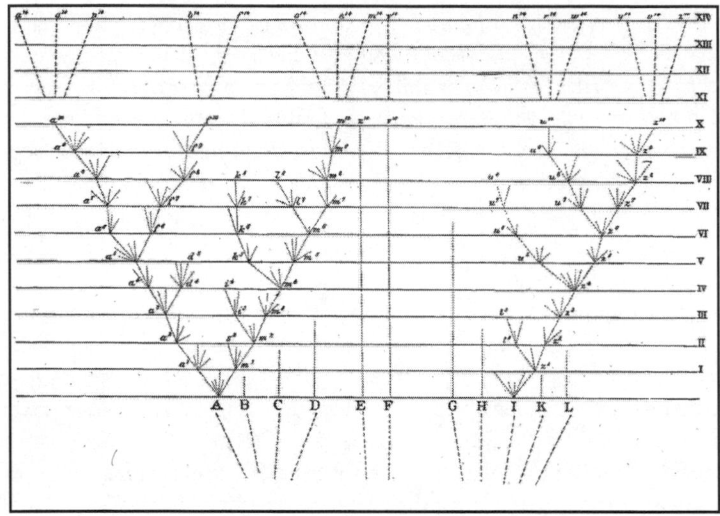

Charles Darwin, *On the Origin of Species by Means of Natural Selection, or the Preservation of Favoured Races in the Struggle for Life*, 1st ed., London, John Murray, 1859, Chapter 4, p. 116-117.

Mais qu'est-ce qui distingue une pensée « en arbre » d'une pensée « en corail » ? Selon Horst Bredekamp, les deux schèmes s'opposent comme une représentation hiérarchique et ordonnée de l'évolution s'oppose à un buissonnement chaotique où les espèces vivantes émergent à partir d'espèces disparues. L'arbre en effet ne permet pas de rendre compte des fossiles et de leur inscription dans la profondeur des temps alors que le corail présente un contraste entre les parties mortes et les parties vives, ce qui permet de reporter l'histoire des espèces, avec son nombre impressionnant d'espèces éteintes, à l'intérieur de périodes superposées horizontalement. Darwin montre comment les espèces vivantes actuelles ont émergé d'espèces disparues, figurées par les troncs et les bras pétrifiés du corail qui représentent les fossiles des espèces mortes. La thèse d'une origine corallienne du *tree of life* repose donc sur un argument qui touche à la visualisation de l'héritage fossile : contrairement à l'arbre, le corail permet de visualiser l'action du temps de façon immédiate et intuitive, en l'inscrivant dans le rapport entre espèces vivantes et espèces éteintes. Une autre différence entre les deux modèles tient à la structure des embranchements ou ramifications : les extrémités des branches d'arbre croissent toujours davantage en largeur, créant ainsi d'immenses écarts entre les différentes branches latérales inférieures, pourtant définies à l'origine par leurs nombreuses affinités. En revanche, les branches et les ramifications du corail peuvent toujours produire de nouvelles unions, même après leur division, contredisant ainsi l'image d'une évolution ascendante ordonnée[64]. Ce mode de structuration témoigne pour Bredekamp d'une variabilité anarchique de

64. H. Bredekamp, *Les coraux de Darwin*, *op. cit.*, p. 47.

la nature par opposition à la structure hiérarchique et ordonnée du modèle arborescent, avec ses différenciations toujours plus marquées.

Ce n'est donc pas la même chose que de penser en arbre ou en corail, chacun de ces modèles visuels étant l'expression et le support d'opérations conceptuelles spécifiques, qui impliquent des conceptions différentes de l'évolution. Mais au-delà même de ces divergences se pose la question du bien-fondé d'une lecture figurative du diagramme darwinien : dans sa version publiée, il possède en effet une abstraction telle que rien n'oblige à en faire une lecture figurative. Le lissé schématique de sa structure en ramures se prête tout aussi bien à une lecture figurative qu'à une interprétation *more geometrico*, comme celle que propose Julia Voss. Dans la thèse qu'elle a consacrée aux images de Darwin sous la direction de Horst Bredekamp, elle conteste l'opposition établie par ce dernier entre la structure hiérarchique de l'arbre et le buissonnement anarchique du corail[65]. Comme elle le rappelle, jusqu'à l'introduction par Haeckel d'un arbre généalogique de l'évolution, l'arbre de la vie avait pris des formes variées qui étaient loin d'être toutes hiérarchiques. Cette diversité autorisait Darwin à utiliser l'expression « *tree of life* » tout en donnant à son diagramme de l'évolution une structure non hiérarchique.

Comme on le voit, le diagramme n'est pas simplement une figure servant à *mettre sous les yeux*, c'est d'abord un dispositif technique et sémiotique qui, pour fonctionner, demande à être lu, interprété, activé par un lecteur maîtrisant les codes. Lire le diagramme, c'est le faire fonctionner, c'est se l'approprier comme on s'approprie le mode de fonctionnement d'une machine. Par ce geste d'appropriation, le lecteur prend part à l'opération de l'esprit qui lui est présentée, il peut éventuellement mettre en pratique le savoir qu'il produit ou au contraire le compléter, le critiquer, voire lui donner des prolongements qui lui permettront de « *se déborder lui-même*[66] ». Car le diagramme est toujours susceptible d'être réactivé par de nouvelles interprétations, qui pourront suggérer des connexions nouvelles et lui permettre de se prolonger au-delà de lui-même. Sous-déterminé, il est « *promesse de virtualités à éveiller*[67] » et, à ce titre, toujours en puissance d'engendrer une *lignée de diagrammes* au sens où Simondon parle de « lignées techniques »[68]. La lignée ne se définit pas en fonction d'une finalité extrinsèque comme l'*usage*, mais selon une logique interne qui correspond aux schèmes de *fonctionnement* des objets techniques[69]. Ainsi, pour reprendre un exemple classique, une logique technique ne va pas rassembler sous une même famille un moteur à vapeur et un moteur à ressort sous prétexte qu'ils ont le même usage, mais va plutôt faire ressortir l'analogie réelle existant entre le moteur à ressort et l'arc, ces deux artefacts présentant un schème de fonctionnement similaire qui consiste en l'emmagasinage d'une énergie potentielle restituée ensuite

65. J. Voss, *Darwins Bilder*, *op. cit.*, p. 25.
66. G. Châtelet, *L'enchantement du virtuel. Mathématique, physique, philosophie*, Paris, Rue d'Ulm, 2016, p. 168.
67. C. Alunni, « Introduction », *ibid.*, p. 51.
68. G. Simondon, *Du mode d'existence des objets techniques*, Paris, Aubier, 2012, p. 42.
69. *Ibid.*, p. 19.

par détente. Le schème n'est jamais pleinement actuel puisqu'il recèle des potentialités qui peuvent s'exprimer dans de nouvelles formes à produire, tout « comme dans une lignée phylogénétique, un stade défini d'évolution contient en lui des structures et des schèmes dynamiques qui sont au principe d'une évolution des formes »[70]. C'est une unité en devenir qui se transforme au sein d'une lignée – qu'elle soit technique ou pas – grâce à sa capacité à produire des structures et des fonctions par développement interne. En ce sens, les mutations de l'arbre peuvent être comprises comme le résultat d'opérations cognitives qui consistent à réinvestir ses schèmes de fonctionnement pour les transposer à des objets nouveaux, dans une pratique inventive qui vise à en dégager les différentes virtualités.

De l'arbre au rhizome

Recours heuristique incontournable, l'arbre est un archétype de la pensée diagrammatique, un de ses schèmes originaires. C'est pourquoi il reste aujourd'hui très présent dans l'imaginaire occidental, au point que Gilles Deleuze et Félix Guattari s'en disent « fatigués » :

> Nous sommes fatigués de l'arbre. Nous ne devons plus croire aux arbres, aux racines ni aux radicelles, nous en avons trop souffert. Toute la culture arborescente est fondée sur eux, de la biologie à la linguistique. Au contraire, rien n'est beau, rien n'est amoureux, rien n'est politique, sauf les tiges souterraines et les racines aériennes, l'adventice et le rhizome[71].

Bien sûr, ce n'est pas l'arbre inventif et vivant que les deux philosophes ont en vue mais seulement l'un de ces schèmes pauvres et mortifères qui, selon eux, donnent « une triste image de la pensée » parce qu'ils la réduisent à « une structure qui se définit par un ensemble de points et de positions, de rapports binaires entre ces points et de relations biunivoques entre ces positions[72] » :

> L'arbre ou la racine inspirent une triste image de la pensée qui ne cesse d'imiter le multiple à partir d'une unité supérieure, de centre ou de segment. [...] On ne sort jamais de l'Un-Deux, et des multiplicités seulement feintes. [...] Les systèmes arborescents sont des systèmes hiérarchiques qui comportent des centres de signifiance[73].

Ici encore, c'est le principe de divergence qui est retenu comme la caractéristique la plus saillante des organisations arborescentes. Paradoxalement, l'arbre de Deleuze et Guattari apparaît comme une négation du vivant : bidimensionnel, schématisé, il est un avatar de *l'Arbor porphyriana*, de la structure hiérarchique inventée par Porphyre pour représenter des relations logiques. L'arbre en ce sens est un modèle de la division d'un principe jusqu'à son terme ultime, de la chute dans le multiple à partir d'une singularité qui est pensée comme éminemment divisible. Il y a fort à parier que la lassitude des deux philosophes à l'égard des schémas arborescents soit en rapport avec

70. G. Simondon, *Du mode d'existence des objets techniques*, *op. cit.*, p 20.
71. G. Deleuze et F. Guattari, *Mille Plateaux, Capitalisme et schizophrénie 2*, Paris, Minuit, 1980, p. 24.
72. *Ibid.*, p. 32.
73. *Ibid.*, p. 25.

l'usage exacerbé que le structuralisme en a fait – de Jakobson à Lévi-Strauss, de Chomsky à Barthes –, en vue de fournir des images panoptiques de ses objets[74]. Farouches contempteurs de ce modèle, Deleuze et Guattari considèrent le paradigme arborescent comme archétypal de toute « la réalité occidentale et toute la pensée occidentale, de la botanique à la biologie, l'anatomie, mais aussi la gnoséologie, la théologie, l'ontologie, toute la philosophie », auxquelles il aurait imposé l'organisation hiérarchique, binaire et centrée qui est typique des pensées de la fondation : « le fondement-racine, *Grund*, *roots* et *fundations*[75] ». Toute pensée aborescente part d'une forte unité principale supposée et procède par logique binaire (on part de l'Un qui devient deux, puis deux qui deviennent quatre, etc.), en ignorant la multiplicité qui se trouve ainsi réduite. Pour contrer la domination idéologique de l'arbre, Deleuze et Guattari en appellent à une stratégie de contournement et de détournement qui est induite par l'image de l'arbre elle-même : sa plasticité favorise en effet toutes sortes de transformations, raccourcis, reconfigurations, ajouts, greffes, court-circuits qui possèdent des potentialités signifiantes propres, de même qu'une immense variabilité figurative et métaphorique[76]. De proche en proche, ils vont ainsi construire une contre-image de l'arbre, plaidant la cause du « chaosmos-radicelle » contre celle du « cosmos-racine », celle du tubercule contre la graine, de l'alliance contre la filiation, des connexions aléatoires contre les connexions réglées. Dans cette constellation, le rhizome joue le rôle d'une véritable « machine de guerre » : invention conceptuelle exempte d'histoire et de développements antécédents, le rhizome ne prend pas place entre la terre et le ciel mais il produit en surface des structures horizontales qui s'étendent dans toutes les directions. À la verticalité et à la visibilité des branches de l'arbre, à l'organisation des racines qui le soutiennent, il oppose ses ramifications invisibles et souterraines qui échappent à la lisibilité visuelle et mentale du modèle arbrifié, suggérant que l'intensité et la dynamique de ce qui fait réellement les choses se trouvent en-deçà de l'arborescence. Alors que l'arbre définit une multiplicité toujours dérivée d'une unité originaire et qui se ramifie ensuite, le rhizome permet de penser une multiplicité d'emblée irréductible, sans origine ni fin unificatrice, un système ouvert qui se définit par les réalités hétérogènes qu'il connecte par la seule variation de ses connexions : il « connecte un point quelconque avec un autre point quelconque, et chacun de ses traits ne renvoie pas nécessairement à des traits de même nature, il met en jeu des régimes de signes très différents et même des états de non-signes[77] ». Le rhizome entraîne ainsi un déplacement du regard, qui devient attentif non

L'arbre est un archétype de la pensée diagrammatique.

74. N. Virenque, texte de présentation de *Trames arborescentes II :* « Le recours aux trames arborescentes en art, littérature et sciences humaines de l'Antiquité à nos jours ». Déjà cité.

75. G. Deleuze et F. Guattari, *Mille Plateaux*, *op. cit.*, p. 27.

76. N. Virenque, Appel à communications de « Trames arborescentes 3. Les trames arborescentes, outils d'écriture et de fabrique de l'histoire de l'Antiquité à la Renaissance », https://trarborescentes.sciencesconf.org/resource/page/id/17. Consulté le 24 novembre 2017.

77. G. Deleuze et F. Guattari, *Mille Plateaux*, *op. cit.*, p. 31.

plus à la répartition des branches et à la distribution des fruits, mais aux linéaments des « à-côtés », aux « entre-deux », aux réseaux souterrains et aux déploiements aériens qui lient les choses entre elles. Remettant en cause le principe de divergence auquel les diagrammes arborescents doivent leur opérationnalité, Deleuze et Guattari lui substituent une loi de prolifération anarchique qui n'est pas sans évoquer celle du buissonnement corallien.

Présenté dans *Mille Plateaux*, le rhizome n'est pas seulement une image de pensée mais aussi un schématisme de composition qui commande le mode d'agencement du livre : en effet, « il n'y a pas de différence entre ce dont un livre parle et la manière dont il est fait », écrivent Deleuze et Guattari[78]. *Mille Plateaux* n'est pas un livre fait de chapitres, avec « leurs points culminants » et leurs « points de terminaison », mais un livre-rhizome fait « de plateaux communiquant les uns avec les autres à travers des micro-fentes, comme pour un cerveau[79] ». Emprunté à Gregory Bateson, le terme de « plateau » renvoie à « une région continue d'intensité [ ] qui se développe en évitant toute orientation sur un point culminant ou vers une fin extérieure[80] ». Excluant la dimension verticale surplombante qui caractérise l'arbre, le plateau est l'espace relativement stable où le rhizome fait passer des intensités, les produit et les distribue, se constituant ainsi en puissance d'écriture et de pensée. Les deux auteurs insistent cependant pour dire qu'il n'y a pas d'opposition absolue entre structure et rhizome, dont l'antagonisme ne saurait être réduit sur le mode binaire : d'un côté, la figure traditionnelle de l'arbre, ordonnée autour d'un « axe génétique » reflétant la loi de divergence du « Un qui devient deux » ; de l'autre, une autre figure, plus complexe, qui ouvrirait sur le multiple et l'hétérogène. Deleuze et Guattari refusent de penser le rapport arbre-rhizome sur un mode duel : tandis que le rhizome peut s'arbrifier et se stabiliser par « unifications et totalisations », « mécanismes mimétiques » et « subjectivation[s][81] », le mouvement inverse peut aussi se produire : « Au cœur d'un arbre, au creux d'une racine ou à l'aisselle d'une branche, un nouveau rhizome peut se former[82] ».

Mais quel est le statut épistémologique du rhizome ? Selon Guillaume Artous-Bouvet, il n'est ni une métaphore ni un modèle, il n'est pas non plus un contre-modèle (de l'arbre ou de la structure) ou une sorte de « méta-modèle intégratif[83] », mais une puissance de « *démodélisation* », cela même qui en dernier recours subvertit tout modèle, à commencer par le modèle arborescent : « nous ne nous servons d'un dualisme de modèles que pour atteindre à un processus qui récuserait tout modèle[84] ». Situé à un autre niveau épistémologique que

78. G. Deleuze et F. Guattari, *Mille Plateaux*, *op. cit.*, p. 10.
79. *Ibid.*, p. 33.
80. *Ibid.*, p. 32.
81. *Ibid.*, p. 21.
82. *Ibid.*, p. 23.
83. Comme l'écrit G. Artous-Bouvet, « le rhizome n'est pas à strictement parler un modèle qui s'opposerait au modèle structural, mais un entre-deux dé-modélisant, qui ne se constitue qu'en rapport à son autre (modèle arborescent ou structural) », « Rythmes, rhizomes, machines : la Nature répétée », § 30, dans I. Cazalas et M. Froidefond (dir.), *Le modèle végétal dans l'imaginaire contemporain*, Strasbourg, Presses universitaires de Strasbourg, 2014, p. 33-46. Consulté en ligne le 19 juin 2020.
84. G. Deleuze et F. Guattari, *Mille Plateaux*, *op. cit.*, p. 31.

l'arbre, le rhizome est « un devenir, une puissance de métamorphose[85] » qui permet de transformer l'arbre dans le sens d'une dynamique de déploiement désordonnée ouverte sur l'hétérogène et le multiple. Il est la force de vie grâce à laquelle les *modèles* arborescents et structuraux peuvent être défigurés et reconfigurés. Or c'est précisément en ces termes que Deleuze, dans son livre sur Bacon, décrit le mode opérationnel du diagramme, ce « lieu agité de toutes les forces »[86] où s'opère la destruction d'un régime significatif déjà existant pour permettre l'émergence d'un ordre nouveau. Dans la conception deleuzienne, le geste diagrammatique comporte deux moments : d'abord un moment de destruction ou de déterritorialisation, qui est suivi par un moment de création, de reconfiguration de la figure initiale. Entre les deux se trouve une zone d'indétermination où s'exerce l'opérativité du diagramme, qui consiste à redistribuer les rapports d'une situation donnée pour en inventer une autre. Tenant revendiqué d'une pensée diagrammatique, en contrepoint notamment de la pensée arborescente, Deleuze définit le diagramme comme un moyen d'instiller de la transition dans des structures trop figées, ce qui correspond également à la fonction qu'il attribue au rhizome. Contrairement à l'arbre qui modélise, le diagramme « agit comme processus immanent qui renverse le modèle et ébauche une carte, même s'il constitue ses propres hiérarchies, même s'il suscite un canal despotique[87] ». Le statut du rhizome pourrait alors être celui du diagramme-catastrophe qui dé-figure l'arbre, le fait muter, pour en faire jaillir de nouvelles virtualités. Dans cette perspective, la dichotomie deleuzienne entre l'arbre et le rhizome, loin de marquer une véritable opposition, serait une simple distinction « entre une pensée au fondement dialectique et une pensée tout juste post-structuraliste[88] ».

Conclusion

Malgré sa fortune littéraire et philosophique, le rhizome n'a pas eu raison de l'arbre qui continue à faire l'objet des convocations méthodologiques les plus diverses, notamment en informatique et en mathématique. Ses contempteurs eux-mêmes continuent à le mobiliser, comme en témoigne Stephen Jay Gould qui, tout en contestant sa pertinence pour modéliser l'évolution, continue à l'utiliser à d'autres fins : son « iconographie d'un préjugé » reste finalement prise dans les branches et les ramifications de l'arbre[89]. Cette pérennité de l'arbre comme schème et comme diagramme, s'explique par une immense variété fonctionnelle et figurative, qu'il doit tout à la fois à ses propriétés topologiques, à ses qualités heuristiques et taxinomiques, au travail de visualisation qu'il rend possible, à sa valeur symbolique et à la densité de la mémoire culturelle dont il est porteur. Doté d'une plasticité et d'une polyvalence exceptionnelles, il est ouvert à toutes les opérations de dé-figuration et de reconfiguration possibles : par schématisation, par abstraction ou au contraire

85. G. Artous-Bouvet, « Rythmes, rhizomes, machines : la Nature répétée », art. cit., § 30.
86. G. Deleuze, *Francis Bacon. Logique de la sensation*, Paris, éditions de la différence, 1981, p. 96.
87. G. Deleuze et F. Guattari, *Mille Plateaux*, *op. cit.*, p 31.
88. C'est ce que suggère le texte d'appel à communications écrit par N. Virenque pour le deuxième colloque de *Trames arborescentes :* « Trames arborescentes II. Le recours aux trames arborescentes en art, littérature et sciences », art. cit.
89. Voir notamment S. Jay Gould *La Vie est belle. Les surprises de l'évolution*, Paris, Seuil, 1989, p. 44 *sq.*

par re-figuration comme dans les exemples du corail ou du rhizome. Si l'arbre ne se suffit pas à lui-même, il possède la capacité de se réinventer et de faire jaillir d'autres figures d'intelligibilité. En témoignent les fréquents détournements et contournements dont il a fait l'objet, qui lui ont donné une portée métacognitive susceptible d'étendre encore son opérationnalité.

Laurence Dahan-Gaida
Université de Franche-Comté

DOSSIER

Penser par diagrammes

COMMENT ET POURQUOI LE DIAGRAMMATIQUE TRANSFORME-T-IL L'HISTOIRE DE L'ÉCRITURE ?

Fabien Ferri

Les diagrammes appartiennent à une classe d'objets graphiques située à l'intersection de la théorie des médias, de la sémiotique visuelle et du design. Nous montrons que leur analyse révèle un mode de fonctionnement permettant de caractériser le diagrammatique comme un nouveau régime de rationalité dans l'histoire de l'écriture. Cette étude vise ainsi à identifier les spécificités de ce régime pour commencer à caractériser sa différence avec les régimes d'écritures alphabétique et numérique. Elle ouvre sur un programme de recherche initiant une nouvelle approche médiatique qui s'inscrit dans le sillage de travaux réalisés en anthropologie historique des pratiques d'écriture.

Les champs des études visuelles et des pratiques graphiques ont trouvé depuis quelques années un lieu de convergence dans une classe d'objets – les diagrammes – dont la richesse épistémologique commence seulement à être caractérisée et exploitée. Après avoir montré que le diagramme est un objet d'étude transdisciplinaire au croisement de trois champs de recherche (la théorie des médias, la sémiotique et le design), nous nous focaliserons sur une propriété discriminante de cet objet graphique : son expressivité opératoire. Notre propos visera alors à argumenter en faveur de la thèse selon laquelle le caractère opératoire de cette expressivité permet d'appréhender le diagrammatique comme un nouveau régime de rationalité dans l'histoire de l'écriture, dès lors que par diagrammatique on entend une activité et une pratique de manipulation de diagrammes.

Le diagramme : un objet transdisciplinaire

Un diagramme est une représentation graphique, donc visuelle, d'un ensemble fini d'opérations par l'intermédiaire d'inscriptions. C'est donc une représentation pourvue d'un contenu interprétable dont le sens est celui d'un processus temporel. Un contenu interprétable est un contenu intentionnel au sens de la phénoménologie. Mais ce contenu est opératif lorsqu'il est saisi dans une dynamique pratique. Husserl est d'ailleurs le premier à avoir introduit la notion d'« intentionnalité opérative », qui sera explorée par Merleau-Ponty à la fin de sa vie dans les notes rassemblées sous le titre *Le visible et l'invisible*[1]. Le diagramme, comme représentation graphique irréductible à la représentation picturale (comme par exemple une image photographique) ou schématique (comme par exemple une carte géographique), se caractérise par une intentionnalité opérative.

Nous allons montrer que le contenu de cette intentionnalité opérative se réfère non seulement à la technicité du geste humain que la machine peut capturer dans une structure qui fonctionne, mais aussi à une essence fonctionnelle qu'il rend visible à travers la figuration d'un schème qui opère au sein d'une lignée technologique évolutive. Il s'agira ainsi de comprendre en quoi le diagramme est une inscription matérielle pourvue de sens, conservée dans un ensemble de traces non verbales. Nous appelons versant objectif ce versant du diagramme : objectif dans la mesure où le diagramme se réfère à un objet ou à un processus qui lui est extérieur et dont il est le signe graphique, et objectif au sens où ce signe graphique qu'est le diagramme est lui-même un objet en soi, un artifice. C'est en ce sens que le diagramme est un « outil de papier[2] » (*paper tool*) participant à un processus de démonstration mathématique ou de concrétisation technologique.

En tant qu'outil, le diagramme est donc un objet technique saisissable par un sujet dans une activité pratique. Ce qui est en jeu dans cette dimension technique du diagramme, c'est la question de son appropriation par des sujets, c'est-à-dire par des consciences. Comment interpréter le diagramme ? Comment se l'approprier pour en faire quelque chose, c'est-à-dire en apprendre quelque chose, en comprendre quelque chose pour entreprendre autre chose que ce que nous donne à voir le diagramme, c'est-à-dire agir dans le monde pour le transformer grâce à son interprétation ? Tout le problème de l'interprétation du diagramme se concentre en un point de convergence : celui de l'insertion du sujet pratique dans la saillance perceptive ouverte par le caractère expressif du diagramme. La fonction du design d'information est de rendre accessible ce caractère expressif de nature opératoire.

Nous tenterons de montrer que l'expressivité diagrammatique n'est pas une idéalité statique qui plane dans le ciel des idées, mais qu'elle est une opérationnalité qui préside au couplage d'un sujet interprétant actif et d'une virtualité en voie d'actualisation. L'unité opérationnelle caractéristique de

1. A. Dufourcq, « La plus grande trouvaille de Husserl selon Merleau-Ponty : le flux héraclitéen, entre raison et déraison », in *Merleau-Ponty : une ontologie de l'imaginaire*, Springer, Dordrecht, 2012, p. 31, n. 1.

2. U. Klein, « The Creative Power of Paper Tools in Early Nineteenth-Century Chemistry », *in* U. Klein (ed.), *Tools and Modes of Representation in the Laboratory Sciences*, Springer, Dordrecht, 2001, p. 13-34.

l'expressivité diagrammatique est celle qui est saisie à travers cette classe de représentations graphiques qu'on appelle depuis Leroi-Gourhan « chaînes opératoires ». En ce sens, un diagramme est un « outil cognitif [3] » (*cognitive tool*) qui permet de comprendre le monde. Avec un diagramme, on ne saisit pas des idéalités, on saisit des virtualités, et c'est cette saisie qui transforme le diagramme en objet producteur d'idéalité, c'est-à-dire producteur d'un sens ré-activable de manière indéfinie grâce à l'artifice de l'écriture.

Un diagramme est un outil cognitif qui permet de comprendre le monde.

Le diagramme désigne ainsi un objet qui dispose un ensemble d'informations opératoires sur le monde par l'intermédiaire des relations spatiales qu'entretiennent ses éléments sur une surface d'inscription. Il s'agit d'un objet transdisciplinaire que nous situons à la croisée de la théorie des médias, de la philosophie des pratiques savantes, de l'épistémologie du design et de la sémiotique visuelle. L'approche de la théorie des médias qui nous intéresse dans cet article est la théorie du support élaborée par Bruno Bachimont. Elle s'inscrit dans le sillage des travaux anthropologiques initiés par Jack Goody[4] et de la philosophie de la technique de Bernard Stiegler[5], cette dernière puisant ses sources dans la phénoménologie de Husserl, les métaphysiques de Heidegger et Simondon, l'anthropologie de Leroi-Gourhan et la *Grammatologie* de Derrida.

La théorie du support

La théorie du support, qui est une théorie des médias, est le fruit d'une réflexion sur l'inscription des connaissances et sur les conséquences cognitives induites par les pratiques d'externalisation et de manipulation des inscriptions symboliques à travers des technologies culturelles.

La première idée qu'il faut retenir de la théorie du support, c'est qu'*il n'y a pas de savoir pérenne sans document supportant des inscriptions*. Par document, il faut entendre un objet matériel qui exprime un contenu. En tant que support matériel, le document est un support d'inscription qui supporte une forme interprétable (lettres, images, diagrammes, etc.) formatée dans un code de communication. On peut qualifier cette forme de sémiotique quand elle fait signe en direction d'un sens destiné à un lecteur. Lorsque c'est le cas, c'est ce sens qu'on appelle le contenu du message véhiculé par le support. L'expression de ce contenu est alors contrainte par deux types de structure : une structure logique qui correspond à la mise en ordre des éléments du contenu et une structure matérielle qui correspond à la mise en forme de ces éléments, comme par exemple la typographie pour les lettres

3. V. Giardino, « Tools for Thought : The Case of Mathematics », *Endeavour*, vol. 42, n°2-3, 2018, p. 172-179.
4. J. Goody, *The Domestication of the Savage Mind*, Cambridge-London-New York, Cambridge University Press, 1977, trad. fr. J. Goody, *La raison graphique*, Paris, Minuit, 1979.
5. B. Stiegler, *La technique et le temps*, Paris, Fayard, 2018. Cet ouvrage compile : B. Stiegler, *La technique et le temps*, t. 1, Paris, Galilée, 1994; B. Stiegler, *La technique et le temps*, t. 2, Paris, Galilée, 1996; B. Stiegler, *La technique et le temps*, t. 3, Paris, Galilée, 2001.

d'un texte[6]. Le document est donc la synthèse d'une structure logique et d'une structure matérielle. En tant que structure logico-matérielle unifiée et identifiable, le document est le prototype de toute intelligence artificielle, car c'est un dispositif de reproductibilité qui instrumente notre rapport au monde en véhiculant un contenu de connaissance appropriable par les individus qui maîtrisent le code dans lequel ce contenu est formaté.

Les savoirs hérités transitent en effet à travers les *mathêmata*, qui désignent à la fois les connaissances dans leurs contenus et les manières dont ces contenus sont véhiculés dans des formules[7], via des matières qui les supportent (du papyrus à l'électronique moléculaire en passant par le silicium). En langage contemporain, on pourrait dire que ce sont des formes sémiotiques d'expression véhiculées à travers des formats techniques de manipulation. Au cœur de l'objet du savoir (*mathêma*) se situe donc une double articulation : premièrement celle de la forme et du format, dont le trait d'union, actif mais non donné, est *information* (c'est-à-dire tension entre forme et format) ; deuxièmement l'articulation de la structure et de l'opération, dont le trait d'union, actif mais non donné, est *acte* (c'est-à-dire individuation).

La deuxième idée de cette théorie est que *le support matériel d'instrumentation du savoir qu'est le document reconfigure notre mémoire individuelle et sociale.* En soulageant notre mémoire, il nous permet de penser à d'autres choses, et donc de faire d'autres choses[8]. Cela signifie d'une part que nos outils intellectuels induisent des modes de pensée qui se transforment en fonction de leur évolution, d'autre part qu'ils nous aident à penser différemment.

Autrement dit, il y a une co-évolution des technologies intellectuelles et des catégories cognitives qui leur sont associées. Cela implique une dimension d'anthropologie philosophique et historique, qui conduit au deuxième champ de recherche dont le diagramme est selon nous l'objet : celui de l'anthropologie philosophique des pratiques d'écriture.

L'anthropologie philosophique des pratiques d'écriture

Par anthropologie philosophique des pratiques d'écriture, on désigne une approche sensible à la matérialité documentaire, aux techniques d'archivage et de classification, à l'histoire de ces pratiques. À l'intérieur des pratiques d'écriture, le lien entre les pratiques de notation et l'histoire des technologies cognitives est d'un intérêt particulier. L'expression « philosophie de la notation » est de Charles S. Peirce, le fondateur de la sémiotique, et remonte à un article de 1885[9]. Mais la philosophie de la notation est un champ de recherche

6. B. Bachimont, « Bibliothèques numériques audiovisuelles : des enjeux scientifiques et techniques », *Document numérique*, vol. 2, n°3-4, 1998, p. 219-242. Voir aussi : B. Bachimont, *Patrimoine et numérique*, Bry-sur-Marne, Ina, 2017.

7. M. Foucault, cours inédit du 23 février 1983, dans *Magazine littéraire* n°435, octobre 2004, p. 61.

8. B. Bachimont, « Formal Signs and Numerical Computation : Between Intuitionism and Formalism. Critique of Computational Reason », *in* H. Schramm, L. Schwarte, J. Lazardzig (eds.), *Instruments in Art and Science. On the Architectonics of Cultural Boundaries in the 17th Century*, Berlin-New York, Walter de Gruyter, 2008, p. 362-382.

9. C. S. Peirce « On the Algebra of Logic : A Contribution to the Philosophy of Notation », *American Journal of Mathematics*, vol. 7, n 2, 1885, p. 180-196.

extrêmement récent puisque le premier congrès mondial sur la question a eu lieu en 2015 à l'université de technologie de Tallinn[10].

Dans cette perspective, le diagramme ne fait sens selon nous que dans la mesure où il désigne l'inscription d'un geste correspondant à un moment fini d'un processus pratique. Le diagramme étant écrit, il n'est pas interactif ou dynamique. Il est l'inscription statique et spatiale d'un processus temporel et pratique.

Trace d'une série de gestes qu'il ne fait pas apparaître mais qu'il évoque tels des spectres, nous allons montrer en quoi le diagramme désigne une forme écrite qui renvoie à un passé reproductible, à travers l'analyse d'un type particulier de diagramme : la chaîne opératoire démonstrative.

Un exemple de diagramme : La chaîne opératoire démonstrative

Un axe de problématisation peut être celui qui vise à interroger les relations qu'on peut d'emblée qualifier de sémiotiques entre ce type de trace qu'est le diagramme et le geste d'où procède cette trace et dont elle est la représentation. Il faut se donner une acception de la notion de geste aussi simple que possible pour commencer.

On peut définir le geste comme une opération courante du corps dans son commerce pratique avec les choses du monde, qui lui tombent sous la main. En ce sens, un geste est une opération du corps qui implique sa mise en mouvement. Le geste est une séquence opératoire qui est exécutée par le corps : c'est une action élémentaire. Par la notion de séquence opératoire, on signifie la dimension d'effectivité temporelle du geste en tant que tel : un geste, s'il est un mouvement, est donc nécessairement une séquence temporelle[11]. Une approche anthropologique et sémiotique du geste, suivant la voie initiée par André Leroi-Gourhan et Marcel Jousse[12], doit alors le relier à la notion de rythme, qui elle-même peut être formalisée par celle de programme, entendue dès à présent en un sens élargi, qui dépasse la seule acception informatique du terme. La forme se formalise et s'idéalise, le rythme se programme, mais ni la figure ni le calcul ne peuvent redonner la forme et le rythme, car ils renvoient au versant non calculable de l'expérience dont le diagramme est l'expression.

Le geste est donc une opération pratique, puisque ce sur quoi il opère d'abord et avant tout, ce sont les choses du monde qui nous sont les plus familières et qui nous entourent. L'unité élémentaire et opérationnelle de l'analyse de la pratique, on peut donc dire que c'est le geste. Mais considérer un geste de

10. *History and Philosophy of Logic Notation : International Workshop on the Philosophy of Notation*, Tallinn, 1-2 August 2015. Voir aussi : F. Bellucci, A. Moktefi, A.-V. Pietarinen, « Introduction : History and Philosophy of Logical Notation », in *History and Philosophy of Logic*, vol. 39, n°1, 2018, p. 1-2. https://doi.org/10.1080/01445340.2017.1372881.

11. C'est la raison pour laquelle la robotique nous donne une notion de calcul morphologique (*morphological computation*) entendue comme formalisation algorithmique d'une suite de gestes élaborée à la suite d'une modélisation mécatronique, c'est-à-dire combinant mécanique, électronique et informatique. *Cf.* P.-Y. Oudeyer, *Aux sources de la parole*, Paris, Odile Jacob, 2013, p. 25.

12. A. Leroi-Gourhan, *Le Geste et la Parole*, t. 2, Paris, Albin Michel, 1965 ; M. Jousse, *L'anthropologie du geste*, Paris, Gallimard, 1974.

façon isolée, c'est le considérer abstraitement. Ce qu'il faut considérer, c'est un enchaînement de gestes dans une situation d'interaction, dans une conduite qui manifeste un comportement (indépendamment de toute considération intentionnelle) : le décryptage du code de ces enchaînements étant l'un des enjeux de la robotique des systèmes mécatroniques.

Le diagramme, entendu comme chaîne opératoire de gestes pratiques, n'est donc pas un programme, ni un algorithme. Précisons la notion d'algorithme, après l'avoir fait pour celle de programme. Un algorithme est une suite d'opérations ordonnées, qu'on peut confier à un ordinateur, de sorte qu'il donne la solution du problème dont l'algorithme est la méthode de résolution calculatoire, en un temps relativement raisonnable. L'algorithme, pilotant l'exécution d'un programme sur un support dynamique – la machine de Turing[13] – est donc une méthode de résolution qui s'exécute dans un intervalle temporel raisonnable. Dès lors, la notion d'algorithme peut-elle avoir une entente élargie comme celles de machine ou de programme ? Autrement dit, quel est le pendant anthropologique du concept informatique d'algorithme ?

Selon nous, il s'agit de la réalité à laquelle se réfère le concept de diagramme. En effet, si le diagramme désigne un schéma de résolution qui renvoie au versant non calculable de l'expérience (voir supra), alors le diagramme est le complément de l'algorithme puisque tout diagramme peut être codé algorithmiquement sans pouvoir s'y réduire. Ce n'est donc pas une figure temporelle, mais une figure spatiale, qui n'est pourtant pas réductible à une figure géométrique. Si le diagramme n'est ni une figure temporelle calculable (puisqu'il ne faut pas le confondre avec un algorithme) ni une figure géométrique (puisqu'il ne faut pas non plus le confondre avec une forme géométrique), que figure-t-il et comment le figure-t-il ? Il figure des opérations, mais ces opérations doivent être incalculables, sous peine de transformer le diagramme en algorithme, c'est-à-dire en une série d'opérations calculables transcodées dans des formes géométriques (par exemple l'encodage algébrique du théorème de Pythagore).

De plus, le diagramme figure ces opérations sous forme de schémas expressifs : le schéma (le carré comme forme géométrique) étant symbole de l'opération (l'opération puissance), et l'opération technique (arpenter), le paradigme du schéma géométrique (l'arpentage comme origine de la géométrie). Le diagramme est donc une figuration schématique non algorithmique et non géométrique, ayant un ancrage paradigmatique d'origine technique : c'est une figuration d'opérations incalculables, c'est-à-dire d'opérations techniques.

13. Le concept de machine de Turing, qui circonscrit le modèle mathématique permettant de décrire le fonctionnement d'un ordinateur, se réfère à une machine virtuelle qui est composée : 1° d'une bande mémoire divisée en cases sur lesquelles sont inscrites en entrées des données codées dans un alphabet fini ou dénombrable ; 2° d'un programme enregistré sur cette même bande mémoire, mais sur un emplacement distinct de celui des données, contenant les instructions opératoires que la machine doit effectuer sur le code des données ; 3° d'une tête de lecture/écriture à états internes (en nombre fini et mutuellement exclusifs) appliquant les instructions du programme sur le code des données. Cette tête est capable soit d'écrire un symbole, soit d'effacer un symbole, soit de se déplacer d'une case sur la bande, à droite ou à gauche. Par exemple, le comportement de la tête de lecture, à partir de son état courant qi est déterminé par un quintuplet (*S1, qi, S2, D, qj*), le programme de la machine, prescrivant d'écrire le symbole *S2* à la place de *S1* sur la case courante, de se déplacer d'une case vers la gauche ou vers la droite (*D*) et de se mettre dans l'état interne *qj*. Lorsque la tête de lecture rencontre un couple (*qj, p*) qui n'est pas enregistré dans sa table de transitions, la machine s'arrête et l'ordonnancement des symboles stockés sur la bande mémoire est considéré comme le résultat du traitement calculatoire effectué par la machine.

Quelle est la classe des opérations incalculables ? C'est celle des gestes figurés dans les représentations qu'on appelle des chaînes opératoires. C'est ce que montre la figure suivante :

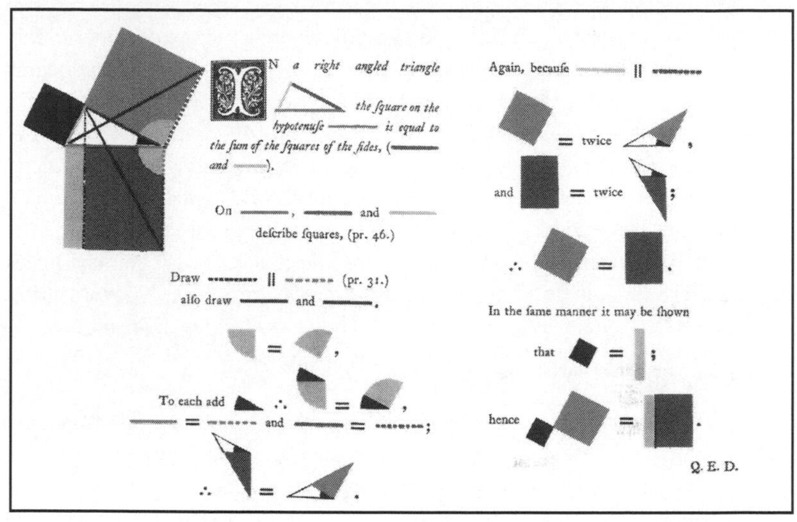

Preuve du théorème de Pythagore démontré par Oliver Byrne dans son édition illustrée des *Éléments* d'Euclide (1847)[14]

Dans cet exemple le diagramme désigne la chaîne opératoire démonstrative participant au processus de construction de la preuve du théorème de Pythagore. Dès lors, en quoi la traduction algorithmique de ce qui se passe dans la lecture du diagramme et la production de la chaîne opératoire n'est-elle pas suffisante ? En effet, tout diagramme est traduisible en une chaîne algorithmique manipulatoire, mais aucune de ces chaînes ne remplace le diagramme, car l'opération ne se réduit pas à une succession d'étapes, comme un calcul, mais mobilise aussi ce qu'il y a entre les étapes : la continuité des transformations opérées sur les formes géométriques manipulées. C'est là où l'expressivité du diagramme entre en jeu, et ne peut pas être réduite à un isomorphisme structurel. Cette expressivité est une analogie de formes (au sens de l'audiovisuel analogique) : les formes temporelles des processus représentés dans les diagrammes et exécutés dans leur actualisation sont analogues. Pour le comprendre, ce n'est plus l'exemple du théorème de Pythagore qu'il faut considérer comme un exemple illustratif, mais celui d'une invention opérée dans l'histoire des sciences et des techniques. En effet c'est par un tel acte analogique d'invention que Claude Shannon, le père de la théorie de l'information, a traduit concrètement les fonctions logiques de l'algèbre booléenne – via l'imagination diagrammatique – en portes logiques dans les circuits électroniques, ce qui en fait, avec Alan Turing, l'un des pères de notre modernité technologique, celle de l'électronique numérique, régie par le principe technique du calcul automatique.

14. https://commons.wikimedia.org/wiki/File : Byrne_1847_Satz_des_Pythagoras_Hochformat.jpg.

De plus, le diagramme n'est un « technogramme[15] » que dans la mesure où il est orienté vers un geste d'appropriation du savoir participant à une dynamique d'apprentissage et d'invention : il est porteur d'une virtualité qui en constitue le supplément d'intelligibilité. Le travail de mise en évidence de cette virtualité correspond à l'objectivation graphique de la théorie des opérations. Cette dernière implique un versant phénoménologique, que nous appelons dans le sillage du programme de Lennart Svensson[16] la *phénoménographie;* et un versant interprétatif, que nous nommons l'*herméneutique opératoire*, au sens où le faire est l'interprétation du signe (herméneutique) et où le signe est l'expression d'une opération (opératoire). L'enjeu de la phénoménographie telle que nous l'entendons, c'est donc la mise en forme graphique des éléments notationnels pour rendre possible un accès rapide et efficace aux connaissances à véhiculer; l'enjeu de l'herméneutique opératoire étant l'appropriation analogique des schèmes opératoires dont sont porteurs les diagrammes.

La sémiotique visuelle

Le troisième champ d'étude dont le diagramme est selon nous l'objet est l'épistémologie du design, entendue comme réflexion approfondie sur le potentiel cognitif et sémiotique des symboles graphiques.

Le diagramme est une unité mixte, pourvue d'une forme sémiotique s'exprimant à travers un format de représentation graphique. En ce sens, le diagramme permet de véhiculer des connaissances non linguistiques dans une pratique de lecture et d'écriture qu'il faut caractériser, dans la mesure où il s'agit d'un type d'écriture non littéral qui ne fait pas intervenir d'intelligibilité linguistique (même s'il peut la mobiliser).

Le diagramme comme objet épistémique élaboré au sein d'une activité savante (qui peut être scientifique mais qui ne l'est pas nécessairement) est donc relié à deux enjeux, herméneutique et pratique, car c'est une forme graphique qui fait sens et qui peut être manipulée. Dès lors, de quoi le diagramme est-il l'expression (sémiotique) et la représentation (graphique)? Comment représente-t-il ses objets? Inversement, comment un contenu peut-il devenir objet de représentation diagrammatique?

Par représentation non linguistique, il faut comprendre que le diagramme a une relation de correspondance avec ce dont il est le représentant, c'est-à-dire avec son objet, qui est d'ailleurs très souvent une opération[17]. Car le diagramme, dès lors qu'il circonscrit le schéma graphique d'un geste technique, devient le symbole d'une opération indéfiniment ré-actualisable. Cette correspondance, il faut donc l'entendre en un sens non psychologique. Correspondance veut dire ici rapport expressif schématisé dans le diagramme.

En tant que représentation graphique, le diagramme renvoie ainsi à une unité d'analyse locale. Dans sa réflexion sur les formats de représentation

15. Ch. Alunni, « De l'écriture de la mutation à la mutation de l'écriture : de Galileo Galilei et Leonardo da Vinci au "technogramme" », dans F. Nicolas (dir.), *Les mutations de l'écriture*, Paris, Éditions de la Sorbonne, 2017, p. 123-137, https://books.openedition.org/psorbonne/1761 ? lang=fr.

16. L. Svensson, « Theoretical Foundations of Phenomenography », *Higher Education Research & Development*, vol. 16, n°2, 1997, p. 157-171.

17. G. Simondon, « Les encyclopédies et l'esprit encyclopédique », dans N. Simondon et I. Saurin (dir.), *Sur la philosophie*, 1950-1980, Paris, P.U.F., 2016, p. 120.

non linguistique, le philosophe Nelson Goodman a proposé une typologie des représentations graphiques en science[18], à une époque où dominaient dans l'histoire et la philosophie des sciences les unités d'analyse globales (telles que les théories, les modèles et les paradigmes). Goodman s'est donc concentré sur l'étude d'unités d'analyse locales et il a proposé une typologie structurante des formats de représentation non linguistique qu'il a répartie suivant trois catégories : les représentations picturales, les représentations schématiques et les représentations diagrammatiques[19].

Le type qui nous intéresse est le type diagrammatique, car il ne représente pas des relations spatiales, mais spatialise des relations non spatiales, ces relations pouvant être temporelles, causales, hiérarchiques.

Suivant cette acception héritée de Goodman, le diagramme désigne une unité d'analyse locale permettant de représenter spatialement, dans un espace graphique, des relations non spatiales. En spatialisant des relations non spatiales, le diagramme vise ainsi à représenter plus que les parties d'un objet et leur systématicité organique. Il vise à rassembler dans un espace synoptique de présentation les éléments d'une théorie. De ce point de vue, le diagramme est une unité d'analyse locale qui met en abyme une unité d'analyse globale comme par exemple une théorie. Tel est le cas du célèbre « arbre de la vie » (*Tree of Life*) de *L'Origine des espèces* de Charles Darwin[20].

Au-delà de sa fonction épistémique, cette technologie graphique a une fonction pragmatique. Elle permet de comprendre en quoi et comment le diagramme est à la fois un outil d'abréviation (qui permet de retenir l'essentiel) et un guide pour l'action (qui permet l'anticipation et la prise sur le réel). Le diagramme permet d'instrumenter notre rapport au monde et de relier la connaissance à l'action. Il s'agit de le concevoir comme un médium. Comprendre l'originalité de ce médium qu'est le diagramme nécessite de l'inscrire dans une longue histoire de l'écriture conçue comme une technologie qui transforme notre rapport au monde, à la pensée, et maintenant à la nature.

Diagramme et histoire de l'écriture : écriture alphabétique, écriture numérique et écriture diagrammatique

À la différence d'une inscription numérique mais à l'instar d'un enregistrement orthographique, un diagramme est une inscription matérielle pourvue de sens. Dans le cas de l'écriture alphabétique, l'enregistrement correspond à celui des contenus de la parole par les lettres en tant qu'actes de langage qui font sens dans un contexte d'énonciation. En effet, une écriture est un système qui

18. N. Goodman, *Languages of Art*, Indianapolis, Bobbs-Merrill, 1968. Traduction française : N. Goodman, *Langages de l'art*, Paris, Fayard, 2011.

19. Sur cette typologie, voir par exemple le chapitre 7 de la thèse de doctorat en philosophie de Marion Vorms : *Théories, modes d'emploi : une perspective cognitive sur l'activité théorique dans les sciences empiriques*, sous la direction de J. Gayon et A. Barberousse, Université Paris 1, 2009. https://tel.archives-ouvertes.fr/tel-00462403/file/2009_Vorms.pdf.

20. F. Ferri, « Unveiling Darwin's Theory of Evolution through the Epistemological Study of his Diagram », *in* Peter Chapman et al. (eds.), *Diagrammatic Representation and Inference. 10th International Conference, Diagrams 2018*, Edinburgh, UK, June 18-22, 2018, Proceedings, Berlin, Springer, LNAI 10871, 2018, p. 791-795.

permet la conservation des significations indépendamment de leur contexte d'énonciation, et c'est ce qu'explique le passage de l'idéogrammatique à l'orthographique, lorsque l'écriture dépasse la simple fonction d'aide-mémoire[21]. Contrairement à l'écriture alphabétique, la photographie et la cinématographie « sont des formes d'orthographies sans orthophonie[22] ». Le sens de l'exactitude de l'écriture orthographique n'est pas la fidélité à la voix, mais à l'événement enregistré. L'écriture phonographique, écriture de son, reprend les sons comme phonèmes. Cela veut dire qu'elle retient de l'oral sa structure phonématique, la première articulation de la langue.

Dans un diagramme, le sens n'est pas phonographique, car il ne procède pas de la transcription d'un son, mais il est diagrammatique, c'est-à-dire qu'il est conservé dans un ensemble de traces non verbales, dans les inscriptions d'un support matériel non évanescent. Notre hypothèse est qu'à la suite du caractère « orthothétique » de l'écriture alphabétique (Stiegler) et du caractère « autothétique » de l'écriture numérique calculée (Bachimont)[23], il est possible de dégager pour l'écriture diagrammatique un concept équivalent à celui de caractère « orthothétique » de l'écriture alphabétique. La rectitude « orthothétique » du diagramme (au sens où le diagramme doit donner accès à un contenu avec exactitude) est une rectitude non médiatisée par le son. C'est une vérité non littérale à laquelle on a accès avant l'usage du langage verbal. Le langage verbal peut dire cette vérité, mais le contenu de cette vérité et sa donation lui sont antérieurs et extérieurs.

Notre hypothèse est que le caractère « orthothétique » du diagramme est son expressivité opératoire. Le diagramme schématise en effet une syntaxe opératoire dont il permet d'effectuer l'exécution, mais il ne s'y réduit pas car la continuité de la forme schématique dans le diagramme ne donne pas, selon la manière de lire, la même formalisation calculatoire. Cette expressivité, lorsqu'elle exprime une authentique propriété opératoire, permet de véhiculer un contenu porteur de sens qui est irréductible à un contenu linguistique ou à une pure effectivité calculatoire, puisqu'elle est pourvue de sens alors que le calcul est indifférent au sens (sens qu'il peut néanmoins contribuer à produire grâce à des conventions qui lui sont extérieures). Le contenu effectif expressif du diagramme est selon nous son opérationnalité. Toute la fonction du design d'information devient alors de rendre accessible ce caractère opérationnel du diagramme, pour faire de cette technologie graphique une médiation entre la connaissance et l'action, dans une donation de sens dont le contenu renvoie à une finitude opérationnelle mais non calculable.

21. Ces étapes sont décrites dans le chapitre 4 de la *Mésopotamie* de J. Bottéro : 1/ la pictographie; 2/ le phonétisme; 3/ l'écriture. Voir J. Bottéro, *Mésopotamie*, Paris, Gallimard, 1987.

22. B. Stiegler, *La technique et le temps*, t. 2, *op. cit.*, p. 40. Le point de départ du deuxième tome de *La technique et le temps* de Bernard Stiegler a été d'abandonner la compréhension phonologique de l'écriture alphabétique pour se concentrer sur son caractère orthographique, les deux enjeux de cette approche étant l'exactitude et l'enregistrement.

23. L'« autothéticité », qui est le propre de l'écriture numérique calculée, désigne le fait que « le calcul ne pose (thèse) que lui-même (auto), indépendamment de toute autre relation ». B. Bachimont « Le numérique comme support de la connaissance : entre matérialisation et interprétation », dans G. Gueudet et L. Trouche (dir.), *Ressources vives. Le travail documentaire des professeurs en mathématiques*, Rennes, Presses Universitaires de Rennes, 2010. Voir p. 10 du document suivant : https://www.hds.utc.fr/~bachimon/dokuwiki/_media/fr/chap4-bachimont-final.pdf.

Le diagramme comme médium technique et graphique

L'écriture est un médium situé entre le sujet connaissant et l'objet connu : c'est à la fois un instrument d'objectivation de virtualités donnant accès à de nouvelles connaissances, et un support d'inscription des connaissances scientifiques et phénoménologiques qui en permet la schématisation et la mémorisation. Nous voudrions montrer que l'observation et l'étude de la genèse du diagramme compris comme forme historique ressaisie dans l'histoire de la technologie de l'écriture nous permet de comprendre comment il est à la fois un support d'objectivation et de stabilisation du savoir; mais aussi la condition de constitution, au sens phénoménologique du terme, de nouvelles connaissances, par la capacité qu'il a à rendre visibles des rapports réels qui ne l'étaient pas avant son invention. Constitué, il s'agit de savoir en quoi ce supplément qu'est le diagramme, comme support technique et mnémotechnique, est constituant de nouvelles catégories de pensée et de nouvelles pratiques savantes.

Ce à quoi ouvre cette pensée du diagramme pourrait être un questionnement sur la façon dont : 1/ notre rapport à l'écriture et à la lecture, comme structure de notre rapport rationnel à l'espace et au temps du monde, est conditionné par l'évolution d'une culture matérielle; 2/ ce rapport mute du fait de la transformation de notre culture matérielle au cours de l'histoire; 3/ cette transformation induit dans l'histoire elle-même une évolution des rapports de la théorie à la pratique. Il s'agit donc d'étayer la thèse suivante (et la vérité de sa réciproque) : toute pratique est une écriture (et réciproquement toute écriture est une pratique). Cela veut dire : toute écriture est une pratique située *entre* des supports, une pratique exercée *avec* des supports et une pratique transformatrice *à même* des supports.

À partir de là, on peut distinguer différentes phases dans l'histoire de d'écriture : 1/ l'écriture dianoétique (*i.e.* celle du discours intérieur) comme dynamique de réinscription à même ce support qu'est la limite du corps propre (circuit audiophonologique); 2/ l'écriture dialogique entendue comme dynamique de réinscription de la noèse à travers la parole (dont le support évanescent est l'air); 3/ l'écriture graphique conçue comme dynamique de réinscription à même le support documentaire (dont le support stable et manipulable le plus connu est la feuille de papier); 4/ l'écriture numérique comme dynamique du calcul à même un support virtuel discret (la machine de Turing); enfin 5/ l'écriture diagrammatique entendue comme dynamique de réinscription « transcursive », « à même le réel[24] », dans une pratique inventive s'opérant aux limites de l'expérience. Autrement dit, le diagrammatique désigne un régime d'écriture où l'histoire se fait à travers des inventions techniques[25].

24. G. Deleuze et F. Guattari, *L'Anti-Œdipe*, Paris, Minuit, 1972/1973, p. 47.

25. Dans cette mesure, l'écriture chorégraphique, l'écriture cinématographique, etc. peuvent être identifiées comme des cas particuliers d'écriture diagrammatique.

Le diagramme comme expression de la distinction linguistique/graphique

L'écriture peut donc être analysée comme un médium productif de connaissances dont les diagrammes sont l'expression. Valeria Giardino a proposé dans un article publié en 2009 un schéma de classification des représentations diagrammatiques dont le fil conducteur est l'idée d'une interaction continue entre les diagrammes et le langage[26]. On peut en effet voir le linguistique et le graphique comme deux plans du contenu et de l'expression qui s'entre-expriment à travers des diagrammes grâce au médium de l'écriture, ce qui permet de voir alors cette dernière de trois points de vue qui lui donnent une triple fonction : on peut voir l'écriture comme un instrument d'objectivation (fonction heuristique) ; on peut la voir comme un support d'inscription (fonction inventive) ; enfin on peut la voir comme un outil pour agir (fonction pragmatique).

L'idée que les formes visuelles de représentation ne sont pas seulement importantes d'un point de vue heuristique et pédagogique, mais constituent des formes élémentaires au fondement de la construction des preuves en mathématiques, a été au cœur du « projet hérétique[27] » de J. Barwise et J. Etchemendy initié il y a une vingtaine d'années[28]. L'idée au fondement du projet de l'école de Stanford est que le raisonnement est une activité hétérogène qui mobilise des formes non verbales de représentations.

Cependant, récuser le dogme logocentriste au profit d'une exploration légitime du paradigme visuel ne doit pas nous conduire à un excès inverse que Giardino a appelé le « dogme visuocentrique[29] » (*visuocentric dogma*) selon lequel il suffit de regarder un diagramme pour le comprendre dans la mesure où il parle directement aux yeux. La pensée verbale a été explorée en profondeur durant tout le XXe siècle, mais la pensée visuelle commence seulement à être explorée dans sa dimension pragmatique[30], pratique[31] et opérationnelle[32].

Conclusion

Le diagramme exhibe selon nous un schème opératoire en le rendant visible par la bi-dimensionnalité de la graphie, pour susciter dans un acte d'intelligibilité inventif la transduction analogique de la pensée tournée

26. V. Giardino, « Towards a Diagrammatic Classification », *The Knowledge Engineering Review*, Cambridge, Cambridge University Press, vol. 28, n°3, 2009, p. 237-248.
27. V. Giardino, « Towards a Diagrammatic Classification », art. cit., p. 238.
28. J. Barwise & J. Etchemendy, « Visual Information and Valid Reasoning », *in* G. Allwein, J. Barwise (eds.), *Logical Reasoning with Diagrams*, Oxford, Oxford University Press, 1996, p. 3-25.
29. V. Giardino, « Towards a Diagrammatic Classification », art. cit., p. 238.
30. H. Bredekamp, *Theorie des Bildakts*, Berlin, Suhrkamp, 2010, trad. fr. H. Bredekamp, *Théorie de l'acte d'image*, Paris, La Découverte, 2015.
31. Voir l'élaboration du concept d'« imagination manipulative » (*manipulative imagination*) *in* S. De Toffoli, V. Giardino, « An Inquiry into the Practice of Proving in Low-Dimensional Topology », *in* G. Lolli, G. Venturi, M. Panza (eds.), *From Logic to Practice*, Zurich, Springer International Publishing, 2015, p. 315-336; mais aussi V. Giardino, « L'imagination manipulatoire en mathématique », *Bulletin d'analyse phénoménologique*, vol. 13, n° 2, 2017. DOI : 10.25518/1782-2041.969.
32. Voir l'introduction du concept d'« image operative » (*operative Bilder*) par H. Farocki : A. Sissel Hoel, « Operative Image », *in* L. Feiersinger, K. Friedrich, M. Queisner (eds.), *Image – Action – Space : Situating the Screen in Visual Practice*, Berlin-Boston, Walter de Gruyter, 2018, p. 11-27.

vers l'action. Cette transduction doit être comprise comme la reproduction abrégée du schématisme opératoire de l'être connu parce que ce schématisme est capturé par le système de signes dont est formé le diagramme. L'autorité du diagramme lui vient donc de sa « lisivisibilité ». La « lisivisibilité » du diagramme est ce qui amorce son opérativité dans un acte de lecture/écriture : grâce au diagramme, la phénoménologie (passage du voir au dire du logos) se transmue en phénoménographie (passage du dire du logos à la graphie schématique de l'écriture) ; la phénoménographie se transmue en phanéroscopie (passage du tracé de la graphie à l'intuition du schéma) ; la phanéroscopie se transmuant enfin en kinesthésie (passage de l'intuition du schéma à son actualisation effective dans une interprétation opérationnelle du diagramme qui est un faire qui passe par le corps), nous faisant ainsi sortir du cercle herméneutique dans un saut qui nous fait prendre la tangente vers l'ordre de l'action pratique.

Posé dans les termes de la pensée diagrammatique, le problème du schématisme tel que nous en héritons depuis Kant est selon nous un problème de design d'information graphique. L'objectif du design d'information graphique est de rendre lisible et visible un contenu de connaissance opératoire qui n'est pas réductible à une opération de calcul (ni au savoir véhiculé par les énoncés linguistiques) et dont l'écriture diagrammatique est le mode d'expression privilégié.

S'il est vrai qu'il existe un type de jugement à l'intersection de l'entendement et de la sensibilité qui participe à la genèse de la connaissance et de son accroissement, et dont les mathématiques sont l'un des théâtres mais pas le seul, la mise en œuvre d'un tel type de jugement passe par la manipulation d'un certain type de représentations, les représentations diagrammatiques, à l'intérieur d'un espace de manipulation d'inscriptions symboliques : cette manipulation n'est pas simplement l'œuvre de la main qui dessine et qui trace, elle est aussi celle de l'œil qui saisit un contenu opératoire figuré apte à commander le geste technique efficace du corps interprétant au travail.

L'affirmation de l'existence d'un tel type de jugement permet selon nous de reposer le problème du schématisme en termes de pratiques graphiques au sein de l'espace sémiotique en question. Dans ce cadre, le problème du schématisme peut se reposer comme étant celui d'une imagination diagrammatique qui opère une mise en forme de la connaissance à travers un support d'inscription enrôlant des formes sémiotiques d'expression. Posé en ces termes, le problème du schématisme est selon nous un problème de design de l'information visant à véhiculer un contenu de connaissance opératoire qui n'est pas réductible à une opération de calcul.

Fabien Ferri

Ingénieur d'études en analyse de sources (EA 2274 Logiques de l'Agir, Université de Franche-Comté)

Doctorant en épistémologie (EA 2223 Costech, Université de technologie de Compiègne)

DOSSIER

Penser par diagrammes

IDENTITÉ DES MOTS, IDENTITÉ DES DIAGRAMMES : UNE APPROCHE KAPLANIENNE ?

Sébastien Gandon et Gianluca Longa

Les conditions d'identité jouent un rôle fondamental dans le débat sur le statut épistémologique des diagrammes. À cet égard, les détracteurs comme les partisans de leur utilisation en tant que moyens de preuve partagent un même présupposé, qui consiste à étendre aux diagrammes la distinction entre *type* et *token*, normalement appliquée aux mots. Dans cet article, nous entendons discuter ce présupposé. Dans la première partie, nous montrerons que la distinction entre *type* et *token*, en tant que critère d'identité des mots, ne fait pas consensus en philosophie du langage. Nous verrons, en particulier, comment David Kaplan a rejeté ce critère et proposé une approche alternative, inspirée de la conception de la monnaie courante développée par Kripke. Dans la deuxième partie, nous étudierons la possibilité d'étendre aux diagrammes l'approche kaplanienne, par moyen de quelques considérations de caractère historique concernant la transmission des textes mathématiques grecs.

En philosophie des mathématiques, le débat épistémologique sur les diagrammes tourne autour de la question de savoir si les diagrammes ne sont que des outils heuristiques et pédagogiques, qui n'ont pas d'autre fonction que de mettre l'esprit du mathématicien sur la voie de la démonstration, ou bien si les diagrammes ont aussi une valeur démonstrative, si on peut et doit les considérer comme des instruments de preuve. La réécriture par Hilbert des *Éléments* d'Euclide, où les démonstrations des théorèmes sont conduites dans un langage symbolique, sans l'aide d'aucune propriété diagrammatique, illustre la première option (celle des « amis des symboles ») ; les diverses tentatives, qui depuis les travaux séminaux de Barwise et Etchemendy[1], ont tenté d'élaborer une formalisation de l'usage démonstratif des diagrammes (et de l'appliquer à différents contextes logico-mathématiques) relèvent de la seconde branche de l'alternative (celle des « amis des diagrammes »).

Dans cette dispute, les protagonistes s'accordent au moins sur une chose : l'hétérogénéité des symboles et des diagrammes. Une des façons de souligner cette différence est de comparer les critères d'identité des symboles et les critères d'identité des diagrammes. Prenons l'exemple de la lettre « a » : les traces suivantes, qui diffèrent par le format, « *A* », « A », « a », sont toutes identifiées comme étant des exemplaires d'un même symbole, la lettre « a ». Dans le langage, l'identification des différents signes, que l'on appelle *tokens*, se fait ainsi à l'aide des formes symboliques qu'ils exemplifient, que l'on appelle *types*, selon une terminologie héritée de Peirce. La question de l'identité des figures semble, en revanche, beaucoup plus complexe. Prenons un exemple. On trouve dans le premier livre des *Éléments*, à la quinzième proposition[2], le diagramme suivant :

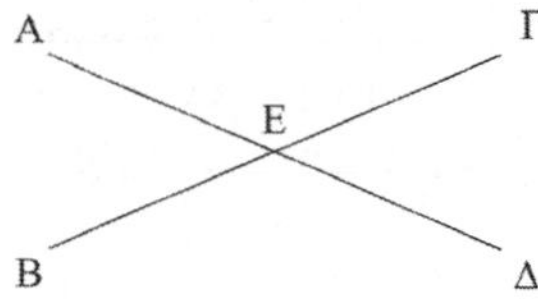

Figure 1

La même figure, nous entendons par là la même combinaison de deux droites, avec les mêmes lettres nommant les mêmes éléments, dans une orientation par rapport à la page identique, apparaît également dans les *Données* (proposition 25)[3]. Doit-on considérer qu'il s'agit ici et là du même diagramme? Les contextes diffèrent : alors que dans les *Éléments*, ce sont les angles opposés par le sommet qui intéressent le mathématicien, c'est « l'être <donné> en position (θέσει) » du point d'intersection de deux droites, elles-mêmes données en position, qui est mis en avant dans le

1. J. Barwise et J. Etchemendy, « Information, Infons and Inference », *in* R. Cooper, K. Mukai, et J. Perry (dir.), *Situation Theory and its Applications I*, Stanford (CA), Center for the Study of Language and Information, vol. 1, 1990, p. 33-78.

2. « Si deux droites se coupent l'une l'autre, elles font les angles au sommet égaux l'un à l'autre (ἐὰν δύο εὐθεῖαι τέμνωσιν ἀλλήλας, τὰς κατὰ κορυφὴν γωνίας ἴσας ἀλλήλαις ποιοῦσιν) », in *Euclidis Elementa*, J. L. Heiberg (ed.), Leipzig, Teubner, vol. 1, 1883, p. 40.

3. « Si deux lignes données en position se coupent l'une l'autre, le point auquel elles se coupent (l'une l'autre) sera donné en position (ἐὰν δύο γραμμαὶ τῇ θέσει δεδομέναι τέμνωσιν ἀλλήλας, δέδοται τὸ σημεῖον, καθ' ὃ τέμνουσιν ἀλλήλας, τῇ θέσει) », in *Euclidis Data, cum commentario Marini et scholiis antiquis*, H. Menge (ed.), Leipzig, Teubner, 1896, p. 46. Le phénomène d'un même diagramme utilisé pour différentes démonstrations, bien que jamais étudié de manière exhaustive (le seul article que nous connaissons est K. Saito, « One Diagram for Multiple Cases », *Hvmanistica : An International Journal of Early Renaissance Studies*, 7, 2012, p. 17-25) est diversement présent dans le corpus géométrique grec. À titre indicatif, on peut distinguer trois catégories : un même diagramme utilisé dans différentes propositions (*Él.* IV. 7-8, IV. 6-9, II. 4-XIII. 4, *Data* 65-66 etc.), un diagramme utilisé pour démontrer différents cas dans la même proposition (*Él.* III. 36, *Data* 44,68-75), et deux diagrammes identiques utilisés dans la même démonstration. Cette dernière catégorie, largement la moins représentée, est étroitement liée à la pratique de la méthode dite d'analyse et de synthèse (voir par exemple les propositions 3 et 5 du traité archimédien *Sur la Sphère et le Cylindre*).

second cas[4]. Dès lors, les deux occurrences diagrammatiques sont-elles des *tokens* d'un même *type*? Plus généralement, Shin a insisté sur le fait que, contrairement aux symboles, les diagrammes sont sujets à la *token fallacy* : dans le raisonnement diagrammatique, « nous nous basons parfois de façon erronée sur des propriétés spécifiques de *token* de figures pour tirer des inférences incorrectes sur un *type* de cas plus général »[5]. Les propriétés qui font qu'un *token* diagrammatique est le *token* d'un *type* déterminé ne sont jamais précisément définies, et il est toujours possible de faire intervenir dans le raisonnement sur les *types* des éléments qui tiennent à la particularité des *tokens* considérés. Même les « amis des diagrammes » comme Shin reconnaissent que les modalités d'individualisation des diagrammes sont, en première apparence, très différentes du modèle *type/token* qui gouverne les modalités d'individualisation des symboles.

Tous les protagonistes du débat autour des diagrammes mathématiques, ceux qui leur dénient comme ceux qui leur attribuent un rôle démonstratif, s'accordent ainsi sur le fait que le paradigme des *types* et des *tokens*, qui s'appliquent aux symboles linguistiques, ne s'étend pas de manière évidente aux diagrammes. L'idée que le modèle *type/token* gouverne l'individualisation des mots est ainsi un présupposé de toutes les analyses. Or cette dernière affirmation ne fait pas consensus en philosophie du langage. Certains philosophes (et non des moindres : Kripke et Kaplan) ont rejeté l'approche orthodoxe, dite « orthographique », des mots qui identifie les *tokens* symboliques à l'aide de leurs *types*, pour développer une conception alternative selon laquelle un mot est identifié par sa chaîne de transmission à l'intérieur d'une communauté linguistique. Quelles sont les conséquences, pour l'analyse des diagrammes, de l'adoption de cette approche hétérodoxe de l'individualité des symboles? Le premier but de cet article est de souligner que le débat concernant le rôle démonstratif des figures en mathématique a un présupposé non explicité : l'adhésion à une conception particulière de l'individualisation des symboles, à savoir la conception orthographique des mots. Son second objectif est d'explorer les conséquences de l'abandon de ce présupposé : au lieu de fonder l'analyse des diagrammes sur la conception orthographique des symboles (soit pour opposer symboles et diagrammes, soit pour contourner cette opposition en étendant le modèle *type/token* aux diagrammes), nous nous demanderons à quoi pourrait ressembler une analyse des diagrammes qui s'appuierait sur la conception kaplanienne de l'individualité des symboles.

La section 2 de l'article vise à établir que le modèle *type/token* est central dans la stratégie des « amis des diagrammes ». La section 3 est une présentation succincte de la critique que Kaplan a adressée à la conception orthographique des mots, et de l'approche alternative qu'il développe. La section 4 vise à décrire ce que pourrait être une conception kaplanienne des

4. Dans la théorie euclidienne des données, un objet géométrique est «donné en position» lorsque son repérage dans le plan est univoque. Dans notre cas (voir le diagramme ci-dessus), la position du point E est univoquement déterminée par le fait que les droites AΔ et BΓ sont fixées. Pour une introduction à la théorie des données, voir N. Sidoli, « The Concept of Given in Greek Mathematics », *Archive for History of Exact Sciences*, 72, 2018, p. 353–402.

5. S.-J. Shin, « The Forgotten Individual : Diagrammatic Reasoning in Mathematics », *Synthese*, 186, 2012, p. 152.

diagrammes et les difficultés soulevées par une telle extension. La section 5 connecte l'approche kaplanienne avec les nouvelles études historiographiques qui prennent pour objet la transmission des diagrammes sur la longue durée.

Raisonnement diagrammatique et *token fallacy*

La littérature sur les diagrammes mathématiques, particulièrement celle visant à réhabiliter le rôle des diagrammes dans la pratique démonstrative, est large et diverse. Nous nous focaliserons ici sur la ligne inaugurée par les travaux de Barwise et d'Etchemendy, visant à élaborer des langues non symboliques pour formaliser les raisonnements diagrammatiques. Les auteurs s'inscrivant dans cette tradition appliquent leurs programmes à différents corpus et développent différents systèmes logiques. Nous ne pouvons, dans les limites de cet article, nous pencher en détail sur ce qui motive chacun de ces projets. Notre but sera ici de présenter la stratégie générale qui les sous-tend, et pour ce faire nous nous appuierons sur deux enquêtes particulièrement reconnues, les travaux de Shin sur les graphes existentiels de Peirce[6], et l'interprétation de la géométrie plane euclidienne par Mumma[7]. Bien que ces deux analyses portent sur des objets extrêmement différents, c'est leur démarche commune que nous voudrions caractériser[8].

Comme nous l'avons signalé en introduction, le fait que les diagrammes peuvent conduire à des erreurs lorsqu'ils sont utilisés pour justifier des inférences démonstratives est reconnu même par ceux qui envisagent de les réhabiliter comme instruments de preuve. Comment expliquer cette inaptitude des diagrammes ? Dans leurs diagnostics, tant Shin que Mumma[9] reprennent Berkeley : la figure particulière (le *token*) qui intervient dans la démonstration « devient générale, quand on lui fait représenter ou tenir lieu de toutes les autres [figures] particulières de même sorte »[10]. Une démonstration portant sur un triangle quelconque faite à l'aide de la représentation d'un triangle singulier *ABC* sera valide généralement si toutes les propriétés de *ABC* utilisées dans la preuve sont des propriétés que tous les triangles quelconques possèdent. Autrement dit, il y a erreur lorsque le géomètre utilise une propriété particulière de la figure *ABC* (du *token ABC*) pour en conclure quelque chose de relatif à la catégorie générale sous laquelle elle tombe (le *type* triangle). Or, il n'est pas toujours évident de faire la distinction entre les propriétés qu'un *token* diagrammatique possède en vertu du fait qu'il est le *token* d'un *type* (propriétés qu'on a le droit d'utiliser dans la démonstration), et les propriétés surnuméraires qu'il possède en vertu du fait qu'il est un *token* particulier[11].

6. S.-J. Shin, *The Iconic Logic of Peirce's Graphs*, Cambridge (MA), The MIT Press, 2002, p. 37-58.
7. J. Mumma, « Proofs, Pictures, and Euclid », *Synthese*, 175 (2), 2010, p. 255-287.
8. Dans ce qui suit, « diagramme » s'applique par défaut tout autant aux diagrammes logiques qu'aux diagrammes géométriques euclidiens.
9. *Ibid.*, p. 257 ; S.-J. Shin, « The Forgotten Individual », *op. cit.*, p. 156.
10. G. Berkeley, *Principes, Introduction*, § 12, dans *Œuvres I*, Paris, P.U.F., p. 307.
11. En s'appuyant sur la distinction que Manders propose entre propriétés exactes et propriétés co-exactes d'un diagramme (voir K. Manders, « The Euclidean Diagram (1995) », *in* P. Mancosu (dir.), *Philosophy of Mathematical Practice*, Oxford, Clarendon Press, 2008, p. 80-133), la solution de Mumma consiste à élaborer un système formel (***Eu***) dans lequel seulement les deuxièmes peuvent intervenir dans les preuves (voir J. Mumma, *Intuition Formalized : Ancient and Modern Methods of Proof in Elementary Geometry*, PhD thesis, Carnegie Mellon University, 2006, P. 15-16). Cela implique que les propriétés exactes seraient

Pour reprendre l'exemple de la figure 1, on pourrait dire que deux lectures sont permises : le *token* peut être vu comme la représentation singulière du *type* « paires d'angles opposés par le sommet », ou comme la représentation singulière du *type* « point d'intersection de deux droites sécantes »[12]. Malgré les apparences, les deux diagrammes de *Éléments* I. 15 et *Data* 25 ne seraient donc pas les mêmes : ils seraient des *tokens* de *types* différents.

Une telle ambivalence n'existe pas dans le mode de représentation symbolique : savoir utiliser un langage, c'est savoir reconduire immédiatement les *tokens* présentés sous leurs *types* respectifs de façon univoque. Comme nous l'avons dit, les *tokens* simples « A », « *a* », « a », etc. sont tous des instances du même type et n'interviennent dans les représentations symboliques qu'à ce titre. Il en va de même pour les tokens plus complexes comme « Gianluca », « *gianluca* », « **Gianluca** », etc. À part sur les ordonnances médicales et sur les copies de certains étudiants, le renvoi d'un *token* à son *type* est aisé.

Une fois le diagnostic établi, la question se pose de savoir si l'ambivalence des représentations diagrammatiques prohibe leur usage dans les contextes de démonstration. Le pari de Shin et de Mumma est qu'il n'en est rien. Une formalisation des raisonnements diagrammatiques est possible à partir du moment où l'ambivalence diagrammatique est cantonnée aux diagrammes complexes. Expliquons l'idée.

Dans les langages formels, on distingue les symboles simples et les formules bien formées, qui combinent les symboles simples selon des règles spécifiées. Au niveau des symboles simples, toute ambivalence est bannie : un *token* doit renvoyer de façon univoque à un *type*. Mais il n'en est pas forcément de même au niveau des symboles complexes. Par exemple, rien n'interdit de définir un langage plus pauvre que le langage Lp de la logique des propositions, en ce qu'il ne comporterait pas de parenthèses et que les règles pour les connecteurs binaires ne feraient en conséquence aucune référence à des parenthèses. Dans un tel langage (appelons-le Lp^-), au lieu d'écrire « $P \wedge (Q \vee R)$ » ou « $(P \wedge Q) \vee R$ » nous écririons « $P \wedge Q \vee R$ ». Ce dernier symbole pourrait donc être décomposé de deux manières en sous-formules : en « P » et « $Q \vee R$ », ou bien en « $P \wedge Q$ » et « R ». Le *token* serait ainsi ambivalent quant à son *type*. Il pourrait être considéré comme le *token* d'une conjonction (première branche de l'alternative) ou comme le *token* d'une disjonction (seconde branche). Bien entendu, dans le langage Lp, les parenthèses permettent de rétablir l'univocité *token* et *type* : le langage de la logique des propositions, comme la plupart des langues formelles, satisfait le théorème de lecture unique, qui stipule que toute formule ne se décompose que d'une seule manière en symboles simples. Lorsque ce théorème est satisfait, il n'y a aucune ambivalence ni des *tokens* simples, ni des *tokens* complexes : chaque *token* complexe correspond à un et un seul *type*.

propres seulement à un certain *token* particulier, tandis que les propriétés co-exactes seraient propres au *token* diagrammatique en tant que *token* d'un *type*. Le problème de cette conception est que la distinction entre propriétés exactes et co-exactes proposée par Manders soulève des perplexités (pour une discussion, *cf.* M. Panza, « The Twofold Role of Diagrams in Euclid's Plane Geometry », *Synthese*, 186, 2012, p. 78-79 et N. Miller, « On the Inconsistency of Mumma's Eu », *Notre Dame Journal of Formal Logic*, 53(1), 2012, p. 29).

12. Ainsi, en tant que *token* du *type* « paires d'angles opposés par le sommet », le diagramme a comme propriété surnuméraire d'être un point d'intersection de deux droites sécantes.

On peut toutefois construire des langages formels dans lesquels les formules ne possèdent pas la propriété de *unique readability*, comme le montre l'exemple de Lp^-. Et Shin utilise précisément cette possibilité pour faire une place à la *token fallacy* au sein des langages formels. Plus précisément, si elle reconnaît qu'il y a certaines langues symboliques (généralement considérées comme peu intéressantes)[13] qui ne satisfont pas la propriété de lecture unique, Shin maintient que tous les langages diagrammatiques formalisés violent ladite propriété : les diagrammes (ou plutôt les diagrammes complexes) peuvent tous être lus de multiples manières, et c'est ce qui les rend si singuliers par rapport aux formules symboliques. Ainsi[14] :

> les phénomènes de Gestalt se produisent plus souvent dans les représentations diagrammatiques que dans les représentations symboliques, principalement parce que les unes sont spatiales alors que les autres sont linéaires. Plus important encore, dans de nombreux cas, les systèmes symboliques doivent satisfaire une propriété de lecture unique pour bloquer l'ambiguïté. L'introduction d'un nouveau symbole ne présente pas de nouvelles configurations et, par conséquent, elle n'offre aucun stimulus, même si elle est essentielle dans le processus de preuve. Par contraste, les diagrammes sont spatiaux et les lectures multiples sont presque inévitables. Une nouvelle façon de découper le domaine [...] nous aide à voir plus facilement ce qui est sous-entendu dans nos prémisses.

Si les *tokens* d'éléments simples des diagrammes ne sont jamais ambigus quant à leurs *types*, les combinaisons complexes de *tokens* simples peuvent se décomposer de multiples manières, et sont ambivalentes. Mais cette ambivalence[15], dans la mesure où elle est maîtrisée sur le plan formel, n'est plus un obstacle à la démonstration. Au contraire, à la rigueur démonstrative, les systèmes diagrammatiques conjuguent harmonieusement la vertu heuristique et pédagogique : les phénomènes de *Gestalt* permettent d'utiliser les diagrammes pour explorer, à même le diagramme, différentes pistes dans la démonstration d'un théorème – ce que ne permettent pas les formules symboliques (lorsque le langage satisfait le théorème de lecture unique). Shin montre ainsi de façon convaincante comment l'usage des diagrammes permet à Peirce de conjuguer sur une même figure ce qui dans le langage de la logique des propositions est représenté par différentes formules. Mais le point décisif est que cette souplesse heuristique et pédagogique ne s'obtient pas en sacrifiant la rigueur : les langues diagrammatiques peuvent servir de cadre à des systèmes de preuves.

La formalisation **Eu** proposée par Mumma[16] reprend le schéma que nous venons d'exposer. Dans un diagramme euclidien, Mumma distingue les éléments de base de ceux qui en sont dépendants, c'est-à-dire qui sont

13. Notons cependant que, selon certains commentateurs, l'idéographie frégéenne ne satisfait pas au théorème de lecture unique : une même formule peut, la plupart du temps, se décomposer de multiples façons. Sur l'importance de l'analyse multiple et ses liens avec la quantification chez Frege, voir le chapitre 2 (« Quantifiers ») de M. Dummett, *Frege : Philosophy of Language*, Londres, Duckworth, 1973.

14. S.-J. Shin, « The Forgotten Individual », *op. cit.*, p. 164.

15. Nous préférons parler d'ambivalence (plutôt que d'ambiguïté comme le fait Shin) pour souligner le fait que cette décomposition multiple n'est en rien un défaut qu'il faudrait corriger.

16. J. Mumma, « Proofs, Pictures, and Euclid », *op. cit.*, p. 255-287.

introduits à la règle et au compas à partir de ces éléments. Le diagramme final est ainsi associé à un arbre de construction syntaxique, exactement comme une formule d'un langage formel. Mais comme le précise Mumma, si un diagramme est construit pour exprimer un ensemble donné de conditions positionnelles, « une fois construit, on voit dans le même diagramme que d'autres conditions positionnelles doivent être satisfaites »[17]. Autrement dit, à un même diagramme correspondent plusieurs arbres construits à partir de la même base[18] ou d'une base différente[19], et cette multiplicité de décomposition est à la source de la fécondité heuristique et pédagogique des diagrammes, de leur capacité à fournir ce que Mumma appelle (suivant en cela Shimojima) des *free rides*[20]. Même si la distinction *type/token* n'est pas ici explicitement convoquée, on retrouve dans la formalisation des démonstrations euclidiennes proposée dans **Eu** les traits distinctifs de l'analyse que fait Shin des spécificités du raisonnement diagrammatique.

Ce genre d'approche, élégante et précise, qui a été utilisé pour rendre compte d'un ensemble varié de corpus dans lesquels des raisonnements diagrammatiques apparaissent, constitue une réponse puissante à ceux qui ne voient dans les diagrammes qu'un outil heuristique et pédagogique dépourvu de toute valeur démonstrative. Au centre de la démarche, se trouve la volonté de contourner la *token fallacy* en maintenant l'idée qu'un *token* de diagramme, comme un *token* de symbole, s'identifie par son *type*. De ce point de vue, il n'est pas inintéressant de remarquer que l'inventeur de la distinction *type/token*, Peirce, est en même temps le premier promoteur de la formalisation du raisonnement diagrammatique. L'ambivalence diagrammatique, consubstantielle à l'usage des diagrammes, est domestiquée par la suspension du théorème de lecture unique. C'est la distinction entre diagrammes simples (non ambivalents quant au *type*) et diagrammes complexes (ambivalents quant au *type*) qui permet d'apprivoiser la *token fallacy* et de rendre compatible rigueur démonstrative et usage des diagrammes.

L'approche que nous venons de décrire repose entièrement sur l'idée qu'un mot ou un diagramme singulier est identifié par son *type*. Or cette idée va-t-elle réellement de soi? C'est précisément ce que nous voudrions mettre en doute dans la section suivante.

17. *Ibid.*, p. 278.

18. Par exemple, si nous analysons le diagramme de la proposition I. 46 des *Éléments* (construction d'un carré dont le côté est donné), nous pouvons décrire différents arbres de construction qui réduisent le diagramme examiné à sa base (le côté donné) selon que nous considérons les segments qui composent le diagramme comme parallèles (choix euclidien) ou perpendiculaires.

19. Comme dans le cas de *Él.* IV. 6 et *Él.* IV. 9. Alors que dans la première proposition il est demandé d'inscrire un carré dans un cercle donné, dans la seconde il faut circonscrire un cercle autour d'un carré donné. Bien que les deux bases soient différentes (un cercle dans la première, un carré dans la seconde), nous obtenons le même diagramme final.

20. Un *free ride* est une inférence directement encodée dans le diagramme. Un exemple permet de saisir le point. Si B est entre A et C (E(ABC)) et C est entre B et D (E(BCD)), alors, on peut, chez Hilbert par exemple, à l'aide de l'axiome ($\forall xyzw((E(xyz) \& E(yzw)) \rightarrow E(xzw))$, déduire que C est entre A et D (E(ACD)). Lorsque l'on trace le diagramme correspondant aux deux conditions prémisses E(ABC) et E(BCD), la condition conclusion E(ACD) est nécessairement exprimée dans le diagramme et est obtenue « gratuitement », *for free*.

Transmission et individuation des mots

Dans « Words » paru en 1990, Kaplan, s'appuyant sur Kripke, explique qu'il souhaite « contraster deux théories de l'individuation [...] des mots : la théorie classique *type/token*, [appelée] la conception *orthographique* des mots, et une théorie alternative, [appelée] la conception de la *monnaie courante* »[21]. L'objet commun des deux théories est d'expliquer la distinction entre un mot et son inscription physique (visuelle ou sonore)[22]. L'approche la plus répandue, la conception orthographique, maintient que les mots sont les *types* dont les inscriptions visuelles ou sonores sont les *tokens*. Kaplan voit dans cette théorie une forme sécularisée de platonisme[23] :

> Il me semble à bien des égards que [la conception orthographique] est une sorte de version actualisée de la notion platonicienne de formes abstraites. Les formes platoniciennes éternelles et immuables sont les *types*, et leurs incarnations physiques, qui reflètent ces formes abstraites, sont les *tokens*. Je pense que le modèle *type/token* n'est pas le bon modèle pour la distinction occurrences/mots (c'est-à-dire pour la distinction expressions vocales/mots ou inscriptions/mots).

S'opposant à cette approche, Kaplan met l'accent sur les relations qui existent entre les inscriptions elles-mêmes. Chaque mot que nous connaissons (si on laisse de côté les mots que nous inventons) est un mot qui nous a été transmis *via* une inscription (sonore, dans le cas de la parole, visuelle dans le cas de l'écriture) au sein de notre communauté linguistique et que nous transmettons à notre tour *via* de nouvelles inscriptions (sonores ou visuelles) lorsque nous le réutilisons. Se fondant sur cette analyse, Kaplan propose de considérer le mot comme l'ensemble de ces inscriptions liées entre elles par une chaîne effective de transmission à l'intérieur d'une communauté. Dans cette conception, le mot n'est pas un *type* abstrait que toutes les inscriptions *tokens* instancieraient ; le mot est conçu comme un phénomène temporel, un processus historique (Kaplan parle de *continuant*), qui a une date de naissance (son invention ou son émergence), parfois une date de fin (sa disparition éventuelle), et des phases successives qui correspondent aux séquences de transmission entre les locuteurs. C'est cette importance accordée aux chaînes de transmission qui explique pourquoi Kaplan appelle cette approche la conception des mots comme *monnaie courante*. Dans la conception naturaliste et nominaliste de Kaplan, les mots sont comme des pièces de monnaie, qui circulent de main en main, et dont la valeur ne dépend que de la poursuite de cette circulation dans le temps.

L'objectif de Kaplan n'est pas d'exposer de façon détaillée une nouvelle théorie des conditions d'individuation des symboles, mais de montrer que la conception orthographique n'est pas la seule possible, en brossant à grands

21. D. Kaplan, « Words », *Aristotelian Society Supplementary Volume*, 64 (1), 1990, p. 95.
22. « Un seul mot peut avoir, et aura généralement, de nombreuses expressions vocales et inscriptions. L'expression vocale et l'inscription, ou l'écriture, sont des actions par lesquelles nous produisons certains objets physiques concrets, non abstraits : expressions vocales (sons) et inscriptions » (*Ibid.* p. 96).
23. *Ibid.*, p. 97-98.

traits ce que pourrait être une alternative. Kaplan distingue notamment deux étapes dans la transmission : une phase publique, interpersonnelle, dans laquelle un mot reçu par un locuteur est répété et retransmis par lui à d'autres locuteurs ; une phase (plus « mystérieuse ») privée et intra-personnelle, qui connecte deux inscriptions du même mot chez la même personne. L'analyse de cette seconde phase, celle de la répétition d'un mot entendu ou de la copie d'un mot vu, telle qu'elle est développée dans l'article de 1990, sera critiquée par différents auteurs, et fera l'objet d'une reprise dans l'article plus tardif de 2011[24]. Le problème porte essentiellement sur la question de savoir comment définir ce qu'est une répétition d'un mot. La répétition se réduit-elle à une ressemblance physique, objectivable et statistiquement attestable, entre des émissions vocales ou visuelles ? Kaplan rejette, en 1990 comme en 2011, cette solution et souligne que la répétition d'un mot par une personne s'accompagne généralement d'une déformation, qui constitue une re-normalisation de l'inscription dans l'idiolecte du locuteur[25]. Faut-il dès lors considérer la répétition comme un terme primitif, indéfinissable ? Ou faut-il voir dans un phénomène mental, une intention de répétition, la source du lien entre deux inscriptions d'un même mot ? Kaplan oscille entre différentes solutions. Mais une chose est claire : même si les phases intra-personnelles du processus de transmission se laissent difficilement décrire, c'est pour lui la chaîne de transmission qui est première, et c'est elle, non le *type* (l'orthographie), qui détermine l'identité du mot.

Cette position théorique a des conséquences pratiques. Ce qui, dans l'approche orthographique, est considéré comme deux mots différents est parfois, dans l'approche kaplanienne, identifié comme un seul et même mot. Ainsi, écrit Kaplan, « il y a un unique mot 'color', épelé d'une manière au Canada : 'c', 'o', 'l', 'o', 'u', 'r' – et d'une autre aux États-Unis, 'c', 'o', 'l', 'o', 'r' »[26]. Les deux inscriptions sont liées par une histoire de transmission commune, et malgré la variation orthographique, c'est bien le même mot qui est répété (copié) d'un côté et de l'autre de la frontière. Dans le processus d'identification du mot, l'ajout de la lettre « u » est aussi inessentiel que l'est la variation des formats dans les deux inscriptions « Sébastien », « *Sébastien* ». Ce point est important pour nous car il réintroduit la possibilité d'une forme d'ambivalence au niveau des symboles eux-mêmes. Dans la perspective kaplanienne, la distinction entre variations qui affectent les *types* (l'identité) et variations qui n'affectent que les *tokens* (les inscriptions) est, exactement comme elle l'est dans le cas des diagrammes, opaque : deux inscriptions orthographiquement différentes peuvent néanmoins appartenir à un même mot. Et l'inverse, aussi, est vrai : deux inscriptions, identiques sur le plan orthographique, peuvent correspondre à différents mots. Kaplan illustre ce cas en prenant l'exemple des noms propres, et soutient que le mot « David »

24. Voir J. Hawthorne et E. Lepore, « On Words », *The Journal of Philosophy*, 108 (9), p. 447-485 et la réponse de Kaplan dans le même volume « Words on Words », art. cit, p. 504-529.

25. « Lorsque nous répétons ce que quelqu'un a dit, nous ne cherchons pas à imiter la prononciation, mais à l'uniformiser (selon nos propres normes). Imaginez que l'on demande à une tierce personne de répéter ce qu'a dit un locuteur dont l'accent est inintelligible. Imiterait-il le locuteur ? » (D. Kaplan, « Words », art. cit., p. 104).

26. *Ibid.*, p. 98.

appliqué à David Israël n'est pas le même mot que le mot « David » qui le désigne lui[27] : les deux mots ont été créés à différents moments, ils n'ont pas la même histoire de vie, aucun des deux n'est lié à l'autre par une chaîne causale de transmission. Dans l'approche orthographique, le mot « David » est à chaque fois le même, et il est considéré comme sémantiquement ambigu : le nom, l'unique nom, « David » a des références distinctes. Pour Kaplan au contraire, il n'y a pas une entité unique qui se projetterait sémantiquement de deux façons distinctes[28]. Il y a deux processus de transmission différents et donc deux mots différents. Nous retrouvons une situation que nous avons déjà rencontrée en discutant des diagrammes : faut-il considérer que les deux figures des *Éléments* et des *Données* sont identiques, et ont des valeurs sémantiques différentes (elles illustrent des situations distinctes), ou que les deux inscriptions n'instancient pas les mêmes diagrammes ?

On ne trouve pas chez Kaplan d'argument décisif en faveur de la conception des mots en termes de monnaie courante. Le *Journal of Philosophy* a consacré en 2011 un numéro spécial sur la théorie de Kaplan et l'article, très documenté, de Hawthorne et Lepore fait un bilan plutôt contrasté de la réception de « Words » en philosophie du langage et en linguistique. Hawthorne et Lepore reconnaissent cependant à Kaplan le mérite d'avoir vu qu'une théorie philosophiquement satisfaisante des mots ne peut pas s'inscrire entièrement dans le paradigme orthographique. Ce point est décisif chez Kaplan, dont l'objectif affiché, nous l'avons vu, est de montrer, en esquissant une conception alternative, que le modèle *type*/token d'identification des mots, d'une part, ne va pas de soi et, d'autre part, n'est pas neutre philosophiquement. La séparation entre modalités d'individuation et modalités de transmission des mots au sein des communautés linguistiques rend en effet inévitable une forme de platonisme, dans lequel des *types* abstraits déterminent de l'extérieur ce qui compte comme une transmission correcte.

Avant d'en revenir aux diagrammes, précisons que la critique du paradigme *type/token* est chez Kaplan poussée jusqu'à son terme : le philosophe ne rejette pas purement et simplement le modèle, il le connecte à des formes particulières de transmission, qui, certes, existent, mais qu'on aurait tort de prendre pour paradigme de toutes les formes de transmission linguistique. Kaplan tisse ainsi un lien entre la conception orthographique, la syntaxe des langages artificiels et, de façon plus inattendue, l'émergence de l'imprimerie[29] :

27. D. Kaplan, « Words », art. cit., p. 111-112.

28. La théorie de Kaplan est en réalité plus complexe, puisqu'elle fait une place aux noms génériques dans la transmission des noms propres. C'est en l'honneur de David Hume, explique Kaplan, que ses parents l'ont appelé David, ce qui montre que le nom générique « David » possède bien un rôle causal. *Ibid.* p. 122 : « Mes parents n'ont pas inventé le nom « David », comme s'ils étaient assis là à essayer de trouver un nom pour le bébé, et ils ont soudain dit : « Duh, Duh, Day, Day, Dave, Dave, David, c'est ça ! David ! ». Ce n'est pas ce qui s'est passé. Il y avait un nom générique préexistant « David ». Mes parents le connaissaient et connaissaient nombre de ses associations, notamment le fait que le nom d'usage du grand philosophe David Hume devait en être tiré. C'est ainsi qu'ils ont pensé au nom générique. Ayant à l'esprit le nom d'usage de David Hume, et en l'honneur de son référent, ils ont décidé, comme c'est notre coutume, de nommer leur enfant avec un nom d'usage tiré du même nom générique. » Mais cette complication n'enlève rien au fait que les noms propres « David » appliqués à Kaplan et à Israël sont distincts, même s'ils sont tirés du même nom générique. Pour plus, sur cet aspect, voir D. Kaplan, « Words », art. cit., p. 110-117.

29. *Ibid.*, p. 98.

Le modèle de *token/type* correspond le mieux à ce que j'appelle la conception orthographique d'un mot, la conception du typographe. Selon cette conception, les expressions de la langue sont constituées de séquences d'atomes appelées « lettres », certaines séquences formant des mots. Les lettres sont des entités abstraites dont les *tokens*, pour le typographe, sont des exemplaires individuels de *type* (Il est étrange que, selon cette conception, le *type* soit un *token*, mais cela semble en être le résultat). Vous connaissez sûrement très bien cette conception. Nous l'avons tous apprise lorsque nous avons étudié la syntaxe des langues formelles (sans parler de l'époque où nous avons participé à l'atelier imprimerie du lycée au lycée). Elle fait partie du thème formalisme, syntaxe formelle. Et son étude est l'étude d'une algèbre.

Le modèle *type/token* est d'abord celui qui gouverne les langages formels et de programmation (les tentatives de formalisation du raisonnement diagrammatique que nous avons décrites dans la section précédente ne font que confirmer cette analyse). La critique kaplanienne consiste à refuser l'alignement du langage ordinaire sur ces langages artificiels : les modes de transmission des symboles dans la langue vernaculaire n'ont rien à voir avec les conventions édictées pour ces formalismes, et les critères d'individuation des mots ne sont pas les mêmes dans les deux cas. Kaplan ajoute cependant qu'en plus du spécialiste des langues formelles, un autre personnage est enclin à étendre et généraliser excessivement le modèle *type/token* : le typographe. La conception orthographique est celle de l'imprimeur, qui utilise la même cassette de caractères pour composer tous les textes à imprimer : la fonte « A » dans la cassette est le *type* qui est répliqué dans tous les *tokens* imprimés[30]. Ce mode mécanique de transmission de l'écrit, qui nous est aujourd'hui si naturel, est en réalité lui aussi une forme particulière qu'on aurait tort de prendre pour modèle et d'appliquer à l'ensemble des processus de circulation des mots. Kaplan suggère ici que c'est parce que le point de vue de l'imprimeur nous est si familier que l'on a tendance à étendre comme on le fait la conception orthographique à l'ensemble des productions symboliques. Comme nous le verrons bientôt, cette intuition d'un lien entre modèle *type/token* et imprimerie est particulièrement précieuse lorsqu'on se penche sur l'histoire des modalités de transmission et d'identification des diagrammes à travers le temps.

Concluons. Kaplan rejette la généralisation du modèle *type/token* à toute forme de symbolisme, et maintient que les critères d'individualisation des mots doivent être fondés sur les modalités concrètes de leur transmission. Cette thèse le conduit, dans un second temps, à relier le modèle *type/token* lui-même à des formes particulières de transmission – à celles des langues formelles artificielles et à la reproduction mécanique des écrits.

30. Le caractère en fonte est un *token* concret, mais il joue le rôle du *type* qui norme la production des lettres imprimées. C'est pour cela que Kaplan explique, dans le passage cité, qu'il « est étrange que, selon cette conception, le *type* soit un *token* ».

Transmission et individuation des diagrammes

Dans la section 2, nous avons vu qu'une des façons les plus convaincantes de réhabiliter le rôle des diagrammes dans les démonstrations est de formaliser le raisonnement diagrammatique, c'est-à-dire d'individualiser les diagrammes comme on individualise les mots dans un langage formel, en reconduisant les *tokens* à leurs *types*. Cette stratégie étend aux diagrammes la conception orthographique des mots. Dans la section 3, nous avons vu que cette conception orthographique se heurte à certaines objections et qu'une approche alternative, dans laquelle les symboles sont individualisés *via* leur histoire, non *via* le *type* abstrait qu'ils exemplifient, existe. Parvenu à ce stade, une question émerge : plutôt que d'étendre la conception orthographique des mots aux diagrammes, ne pourrait-on pas leur appliquer l'alternative esquissée par Kaplan ?

Cette question est d'autant plus naturelle que, comme nous l'avons vu dans la section 2, les diagrammes, essentiellement ambivalents, ne se plient qu'avec réticence à la discipline que leur impose le modèle *type/token*. Même si l'idée de contourner la *token fallacy* en renonçant au théorème de lecture unique est élégante et féconde, il reste qu'on peut trouver étrange de vouloir appliquer au mode de représentation diagrammatique, caractérisé par son ambivalence, un modèle dans lequel tout est fait pour qu'aucune ambivalence ne surgisse ! Le prix à payer serait acceptable s'il était démontré que tout système de représentation, quel qu'il soit, obéit au modèle orthographique. Mais nous venons de voir que, même dans le cas obvie des langues symboliques, il y a des raisons de mettre en doute le modèle *type/token*. Pourquoi alors chercher à tout prix à étendre aux diagrammes un cadre conceptuel apparemment si mal ajusté à certains de leurs traits ? Pourquoi ne pas « profiter » de la remise à plat kaplanienne et tenter, au moins à titre exploratoire, d'étendre la conception en termes de monnaie courante aux figures mathématiques ? À notre connaissance, aucune tentative dans cette direction n'a jusqu'à présent été esquissée. À quoi ressemblerait une théorie des diagrammes qui prendrait pour base, non pas la conception orthographique, mais la conception kaplanienne naturaliste des mots ?

Il y a une difficulté. Dans l'approche kaplanienne, les mots sont individualisés en fonction de la façon dont ils sont transmis à l'intérieur d'une communauté linguistique donnée. L'idée fondamentale qu'on ne doit pas postuler d'entités anhistoriques, idéales et éternelles (les *types*), mais au contraire partir de la circulation des objets concrets (les *tokens*), nécessite que l'on puisse définir un cadre stable à l'intérieur duquel des transmissions s'opèrent. Les termes de « transmission » et de « communauté linguistique » sont corrélés, exactement comme en mécanique les termes de « mouvement » et de « repère » le sont : on ne peut pas parler de transmission si on ne fixe pas le repère au sein duquel elle s'évalue. Bien entendu, les langues changent, certaines disparaissent ; les communautés linguistiques ne restent pas identiques à elles-mêmes. Mais, par rapport à l'échelle de temps de la production verbale (écrite ou sonore), le rythme de leur évolution est tellement lent qu'elles constituent un repère fixe à partir duquel des variations et des identités sont attestables. Le problème, dans le cas des diagrammes, est que la notion de communauté linguistique n'est pas pertinente, et qu'on ne voit pas quoi lui substituer.

Le point est évident : la transmission des diagrammes transcende les communautés linguistiques. Bien que les copistes et traducteurs arabes médiévaux aient introduit des changements dans la production des figures euclidiennes qui vont au-delà de l'adaptation du lettrage[31], nul ne peut soutenir que les diagrammes grecs ont été traduits en arabe. L'individualité de la figure ne dépend évidemment pas des règles conventionnelles propres à une communauté linguistique. Mais si la communauté linguistique ne constitue pas un cadre pertinent pour appréhender la transmission des diagrammes, par quoi la remplacer? Une réponse serait de substituer « communauté mathématique » à « communauté linguistique ». Les diagrammes euclidiens (pour se donner un cadre restreint) sont utilisés par les mathématiciens dans le cadre de leurs enseignements, de leurs recherches et, si l'on en croit les « amis des diagrammes », de leurs démonstrations. L'individuation des diagrammes s'effectuerait dans ces contextes : un *token* A de diagramme serait identique à un autre *token* B si et seulement si, au sein de cette communauté d'usage, les deux *tokens* étaient reconnus comme les mêmes, le second étant considéré comme une répétition du premier. Une telle caractérisation aurait l'avantage de rester fidèle à l'intuition kaplanienne selon laquelle l'identité de ce qui est transmis (en l'occurrence les diagrammes concrets) est liée aux modalités de leur transmission, et de nous déprendre ainsi de la fascination que peut exercer le modèle *type/token*. Cependant cette solution, outre qu'elle est circulaire, reste extrêmement vague. Comme le souligne Netz, on ne sait pas grand-chose sur l'usage que les mathématiciens grecs faisaient de leurs diagrammes[32]. On peut supposer que ceux-ci accompagnaient l'activité mathématique solitaire et sa communication dans la correspondance ou au sein de petites assemblées[33], mais aucun document, aucun témoignage ne permettent de préciser cette vague description, et des contraintes matérielles, aujourd'hui disparues, rendent délicate toute extrapolation[34]. L'usage que faisaient les mathématiciens grecs des diagrammes euclidiens ne ressemblait peut-être pas à celui que nous faisons aujourd'hui, et, même si tel était le cas, l'existence de chaînes de transmission continues entre eux et nous n'est pas garantie.

La transmission des diagrammes transcende les communautés linguistiques.

31. L'inversion de l'orientation des diagrammes (droite-gauche) et l'utilisation d'encres de couleurs différentes, notamment. Sur ce point, voir G. De Young, « Diagrams in the Arabic Euclidean Tradition : A Preliminary Assessment », *Historia Mathematica*, 32 (2), 2005, p. 166-167 ; « Mathematical Diagrams from Manuscript to Print : Examples from the Arabic Euclidean Transmission », *Synthese*, 186, 2012, p. 24-25.

32. *Cf.* la déclaration liminaire de *The Shaping of Deduction :* « Ce chapitre fait un tour de passe-passe : je parle d'un vide, d'un objet absent, car les diagrammes de l'Antiquité n'existent pas, et les diagrammes médiévaux n'ont jamais été étudiés en tant que tels » (R. Netz, *The Shaping of Deduction in Greek Mathematics : A Study in Cognitive History*, Cambridge UP, 1999, p. 12).

33. *Ibid.*, chap. 1.

34. Par exemple, l'usage des tablettes de cire mais également les dessins sur le sable nécessitaient une préparation importante (le sable devait être préalablement mouillé et aplani). Des possibilités aussi simples que celle d'effacer ce qui a été tracé n'existent pas. Ces médias devaient d'autre part induire des formes d'exposition particulière (par exemple, l'horizontalité de la surface de sable limite drastiquement l'audience). Sur ces aspects, voir R. Netz, *op. cit.*, p. 14-17.

Une des façons radicales de contourner l'obstacle est de postuler l'existence d'un usage mathématique des diagrammes, qui serait pérenne dans l'histoire, accessible au lecteur contemporain d'Euclide, réactivable à chaque nouvelle lecture des *Éléments*. Ce serait cet objet, le diagramme-dans-son-usage-mathématique, invariable dans le temps, que l'épistémologue serait censé analyser. Puisque l'identité d'une certaine forme d'usage des diagrammes à travers le temps est postulée, une telle approche (sous-jacente aux tentatives de Shin et de Mumma) rompt avec l'idée kaplanienne selon laquelle l'individualité des mots ou des diagrammes doit être interrogée à partir de leurs modes effectifs de transmission. Mais comme la notion de transmission, appliquée aux diagrammes, est si élusive, si on ne sait pas déterminer au sein de quelle communauté une telle circulation est censée être observée, cette stratégie n'est-elle pas finalement une bonne option ?

Que l'absence d'un équivalent à la notion de communauté linguistique rende l'extension de la conception en termes de monnaie courante aux diagrammes délicate est une chose ; qu'il faille ne pas tenir compte des modalités de la circulation des figures et postuler l'existence d'un usage spécifiquement mathématique des diagrammes invariable dans le temps en est une autre. Des voies moins radicales peuvent en effet être explorées. Si nous ne savons pas grand-chose de la façon dont les mathématiciens grecs utilisaient leurs diagrammes, nous connaissons de plus en plus de choses sur la manière dont ceux-ci nous ont été transmis d'abord par les copistes au Moyen-Âge, puis par les imprimeurs à la renaissance. Plus précisément, alors qu'il existe une littérature abondante sur la transmission des textes mathématiques grecs[35], un nouveau champ d'étude a émergé depuis quelques années qui consiste à appliquer à l'étude de la transmission des objets non linguistiques que sont les diagrammes les techniques historiographiques qui ont fait leurs preuves sur l'histoire des textes[36]. Plutôt que de continuer à réfléchir de façon abstraite sur les difficultés que pose l'extension de la perspective kaplanienne aux diagrammes, nous voudrions suggérer que ces nouveaux travaux illustrent en acte ce à quoi pourrait ressembler une approche des diagrammes en termes de monnaie courante.

35. Pour un exposé général, voir B. Vitrac, « Quand ? Comment ? Pourquoi les textes mathématiques grecs sont-ils parvenus en Occident ? » (dossier en ligne : https://cnrs.academia.edu/BernardVitrac, juin 2018) et F. Acerbi, Il silenzio delle sirene. *La matematica greca antica*, Rome, Carocci, 2010, p. 65-79 et p. 269-375.

36. Pour la tradition manuscrite voir D. H. Fowler, *The Mathematics of Plato's Academy : A new reconstruction*, Oxford, Clarendon Press, 1987 ; R. Netz, « Greek Mathematical Diagrams : Their Use and Their Meaning », *For the Learning of Mathematics* 18, 1998, p. 33-39 ; M. Decorps-Foulquier, « Sur les figures du traité des Coniques d'Apollonios de Pergé édité par Eutocius d'Ascalon », *Revue d'Histoire des Mathématiques*, 5, 2000, p. 73 ; K. Saito, « A Preliminary Study in the Critical Assessment of Diagrams in Greek Mathematical Works », *SCIAMVS* 7, 2006, p. 81-144 ; « Traditions of the Diagram, Tradition of the Text : A Case Study », *Synthese* 186 (1), 2012, p. 7-20 ; K. Saito et N. Sidoli, « Diagrams and Arguments in Ancient Greek Mathematics : Lessons Drawn from Comparisons of the Manuscript Diagrams with those in Modern Critical Editions », *in* K. Chemla (ed.), *The History of Mathematical Proof in Ancient Traditions*, Cambridge, Cambridge University Press, 2012, p. 135-62. Pour les premières éditions imprimées voir E. Lee, « Let the Diagram Speak : Compass Arcs and Visual Auxiliaries in Printed Diagrams of Euclid's Elements », *Endeavour*, 42 (2–3), 2018, p. 78-98 et A. Malet, « Euclid's Swan Song : Euclid's *Elements* in Early Modern Europe », *in* P. Olmos (dir.), *Greek Science in the Long Run : Essays on the Greek Scientific Tradition*, Newcastle, Cambridge Scholars Publishing, 2012, p. 205-34.

Diagrammes euclidiens, copistes et imprimeurs

Les données historiographiques récoltées sur la transmission des diagrammes montrent que l'invention de l'imprimerie a modifié en profondeur le statut et les critères d'individuation des diagrammes. Dans la tradition manuscrite médiévale, les textes étaient transcrits par un copiste en laissant des espaces vides pour les figures, dessinées plus tard[37]. Ceux-ci étaient remplis par une autre personne, spécifiquement chargée de recopier les diagrammes à partir d'un manuscrit donné, qui n'avait aucune raison de vérifier que la figure était bien conforme au texte, et « le plus souvent aucune compétence pour pouvoir effectuer cette démarche »[38]. Une telle division du travail conduisait à séparer et détacher le diagramme de son environnement textuel et démonstratif. Cette situation change avec l'avènement des premières éditions imprimées d'ouvrages mathématiques anciens[39] : la composition des textes et des figures n'est plus dissociée temporellement, et les diagrammes, au lieu d'être copiés à partir d'autres diagrammes, sont construits à partir des propositions euclidiennes qu'ils illustrent[40]. Lee résume la mutation et ses conséquences ainsi[41] :

> L'observation des diagrammes dans les manuscrits montre clairement que les copistes médiévaux n'ont que rarement, voire jamais, tenté de les construire à la règle et au compas. Les diagrammes étaient plutôt copiés à vue (*eyeballing*), à partir des diagrammes approximatifs dessinés à la main sur des manuscrits antérieurs. […] Puisque les manuscrits médiévaux présentaient les diagrammes comme des réalisations visuelles du texte, les lecteurs étaient censés se référer à la procédure de construction expliquée dans le texte. La transcription des diagrammes [leur copie à l'œil nu] a pris fin avec l'avènement de l'imprimerie, lorsque les typographes ont introduit un nouveau type de dessin, la construction des diagrammes à l'aide explicite d'outils tels que le compas et la règle. De façon concomitante, le caractère processuel des diagrammes a été mis au premier plan. Le nouveau type de diagrammatisation, en mettant l'accent sur le processus, produisait un effet similaire à celui d'une construction égrenant les étapes de façon séquentielle, comme par le biais d'une animation. En conséquence, les lecteurs ont commencé à lire les diagrammes d'une nouvelle manière. Le diagramme fournissait une sorte de construction virtuelle, et la séquence processuelle reflétée dans le diagramme pouvait jouer le rôle de substitut à la construction directe.

37. G. De Young, « Mathematical Diagrams from Manuscript to Print », *op. cit.*, p. 22.

38. F. Acerbi, *Il silenzio delle sirene*, *op. cit.*, p. 45.

39. Les premiers diagrammes géométriques imprimés datent de 1482 et sont l'œuvre d'un imprimeur allemand, Erhard Ratdolt. On dénombre seize éditions imprimées des *Éléments* de 1482 à la fin du XVIe siècle (*cf.* E. Lee, « Let the Diagram Speak », *op. cit.*, p. 78-79).

40. Il n'est pas évident de déterminer si cette mutation est due aux opportunités et contraintes techniques, à un changement plus général dans l'appréhension du rôle des diagrammes, ou à un mixte des deux. Ainsi, Lee souligne que la diffusion plus importante des *Éléments* et le fait que l'ouvrage rencontre un public moins éduqué tendent à favoriser l'explication par les diagrammes au détriment des longues structures démonstratives (*cf.* E. Lee, « Let the Diagram Speak », *op. cit.*, p. 81). Nous ne connaissons pas d'études synthétiques sur la façon dont les techniques d'impression ont contraint et fourni de nouvelles opportunités pour la reproduction des diagrammes, ni sur la nature des collaborations entre imprimeurs et géomètres à la Renaissance.

41. E. Lee, « Let the Diagram Speak », *op. cit.*, p. 79.

Illustrons le contraste décrit ici par un exemple, celui de la proposition IV. 16 des *Éléments*. Il s'agit d'inscrire dans un cercle donné ΑΒΓΔ, un pentadécagone régulier[42] :

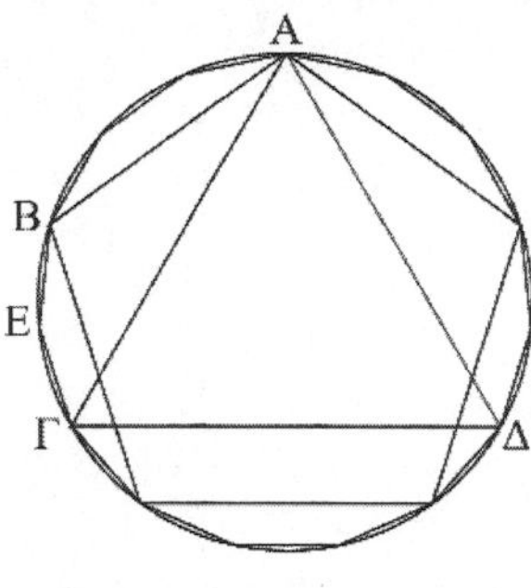

Figure 2

Que soit inscrit dans le cercle ΑΒΓΔ d'une part le côté d'un triangle équilatéral inscrit en lui, ΑΓ, d'autre part le côté d'un pentagone équilatéral, ΑΒ. Donc, des quinze segments égaux que compte le cercle ΑΒΓΔ, d'une part la circonférence ΑΒΓ, étant le tiers du cercle, en comptera cinq, d'autre part la circonférence ΑΒ, étant la cinquième du cercle, en comptera trois; la circonférence restante, ΒΓ, comptera donc deux de ces segments égaux. Que ΒΓ soit coupée en deux parties égales en Ε. Chacune des deux circonférences ΒΕ, ΕΓ étant jointes, nous ajoutons continument dans le cercle ΑΒΓΔ {Ε} des droites qui leur sont égales, en lui un pentadécagone équilatéral et équiangle aura été inscrit. Ce qu'il fallait faire.

Pour réaliser le pentadécagone, Euclide emploie la construction d'un triangle équilatéral (*Él.* I. 1 et IV. 2) et d'un pentagone régulier (*Él.* IV. 11) inscrits dans ΑΒΓΔ à partir d'un point donné A. De cette façon, l'arc AB est la cinquième partie de la circonférence totale et l'arc ΑΓ est la troisième; l'arc ΒΓ est donc égal à deux quinzièmes de la circonférence; en le coupant en deux (*Él.* III. 30), on obtient les arcs BE et ΕΓ qui sont chacun la quinzième partie de ΑΒΓΔ[43]. Joignant BE et ΕΓ (*Post.* 1) on obtient deux côtés du pentadécagone; on peut ensuite facilement compléter la figure demandée en traçant les côtés restants (*Él.* IV. 1).

Dans la tradition manuscrite grecque[44], l'on trouve les diagrammes suivants :

42. B. Vitrac, *Euclide. Les Éléments*, Paris, P.U.F., Vol. I, p. 498-99. Nous reproduisons ici le diagramme contenu dans l'édition canonique de Heiberg (*Euclidis Elementa*, *op. cit.*, p. 320). Toutes les éditions modernes présentent le même diagramme (*cf.* B. Vitrac, *Les Éléments*, *op. cit.*, p. 499; T. L. Heath, *The Thirteen Books of Euclid's Elements*, New York, Dover Publications, 1956, Vol. II, p. 110; F. Acerbi, *Euclide. Tutte le opere*, Milan, Bompiani, 2007, p. 973).

43. L'angle sous-tendu par le côté du triangle équilatéral est de 120° (), tandis que celui du côté du pentagone est de 72°. En divisant leur différence en deux, on obtient la valeur de l'angle sous-tendu par le côté du pentadécagone.

44. Pour l'étude des différents *codices* voir K. Saito, « Traditions of the Diagram, Tradition of the Text », *op. cit.*, p. 12-13; B. Vitrac, « Quand? Comment? », *op. cit.*, p. 134-160.

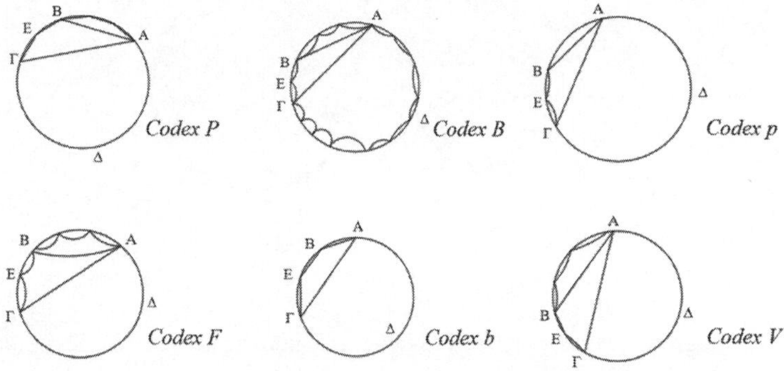

Figure 3[45]

Reconnaître la construction du pentadécagone n'est pas aisé : le triangle et le pentagone inscrits ne sont pas tracés[46], et la figure recherchée n'est qu'esquissée. Surtout, le diagramme n'est pas construit à la règle et au compas : les propriétés métriques ne sont pas respectées[47], à tel point que E n'apparaît pas toujours comme milieu de l'arc GB (codex F), B n'apparaît pas plus distant de A qu'il n'est de G (codex b), et pour éviter que les côtés du polygone ne soient confondus avec les arcs sous-jacents, certains copistes (codex B, p, F, V) les représentent comme des arcs de concavité opposée à celle du cercle inscrit[48]. Comme l'explique Lee, la figure ne donne pas accès à la construction à la règle et au compas dont elle est censée être le résultat, et il faut se reporter au texte pour en saisir la nature. Le diagramme est ici la copie, l'image d'un autre dessin avec lequel il a une similitude d'aspect. Le modèle *type/token* lui est inapplicable : il n'est pas le résultat d'une combinaison d'éléments simples à partir d'opérations spécifiées à l'avance.

Comme nous l'avons dit, l'imprimerie qui conduit à ne plus séparer la composition du texte et des diagrammes modifie la donne. Reproduisons les figures de *Él.* IV. 16 que l'on trouve dans deux versions imprimées datant de la Renaissance :

45. Les diagrammes sont repris de K. Saito, « The Diagrams of Book IV of the Elements » (*in* « Diagrams in Greek Mathematical Texts », dossier en ligne, https://www.greekmath.org/diagrams/Diagrams_in_Greek_Mathematical_Texts_Report_Ver_2_03_20110403.pdf, 2008, p. 171-2) et reproduits en utilisant le logiciel *Geogebra*. Par rapport aux diagrammes proposés par Saito, on ne reproduit pas les traces des lignes effacées par le copiste ou ajoutées puis supprimées dans les périodes ultérieures.

46. Dans le *codex* P on trouve les traces d'un triangle et d'un pentagone à l'intérieur du cercle. Selon Saito ces figures « ont probablement été ajoutées plus tard » et puis effacées par la suite (K. Saito, « The Diagrams of Book IV », *op. cit.*, p. 172).

47. Saito et Sidoli voient dans « l'indifférence à toute précision métrique » une des caractéristiques principales des manuscrits du moyen âge (voir K. Saito et N. Sidoli, « Diagrams and Arguments in Ancient Greek Mathematics », *op. cit.*, p. 143-145).

48. Le même type de solution se retrouve dans la tradition manuscrite du corpus d'Archimède : voir par exemple les propositions 21, 23, 24, 26, 28, 30, 32, 33, 37-42 du premier livre de *De la sphère et du cylindre* dans l'édition de R. Netz, *The Works of Archimedes*, Cambridge, Cambridge University Press, 2004, vol. I, p. 114-175.

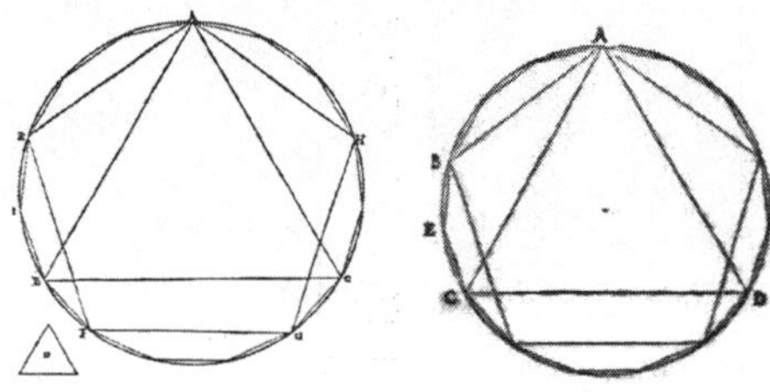

Figure 4 (i, ii)[49]

Ces diagrammes ressemblent à la figure que nous trouvons dans les éditions modernes. On y trouve le triangle équilatéral, le pentagone régulier, ainsi que le pentadécagone inscrit. Les rapports métriques sont respectés, et les côtés du pentadécagone sont représentés par des lignes droites. Dans le diagramme de l'édition de Clavius (i), un triangle équilatéral D, figure auxiliaire dans la construction du triangle inscrit selon la procédure exposée dans *Él.* IV. 2, est même tracée. L'ensemble du processus menant à la figure finale est présent et peut être aisément reconstruit sous forme de la séquence animée suivante :

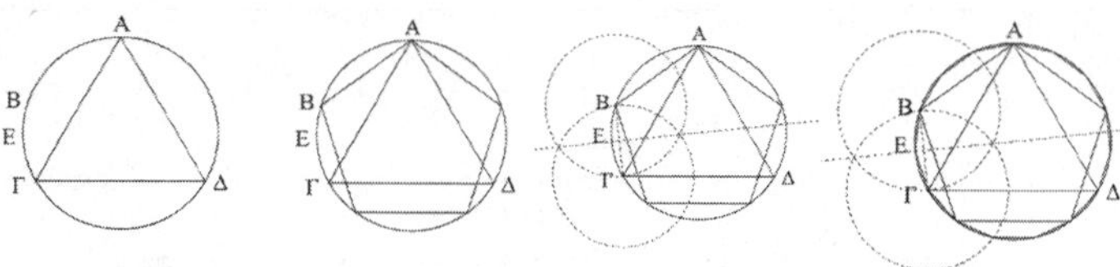

Figure 5 (a, b, c, d)

On ne trouve plus ici le hiatus qu'il y avait dans les manuscrits médiévaux entre textes et figures : le diagramme rend visible la règle qui préside à son propre engendrement.

Ce passage des « *resultant diagrams* » médiévaux aux « *processual diagrams* »[50] de la Renaissance, que nous avons illustré sur le cas de *Él.* IV. 16, est général. Dans son article, Lee explore d'autres aspects[51] de cette mutation qui finissent progressivement par constituer un « nouveau vocabulaire visuel » spécifique[52]. Sans rentrer dans les détails de cette transformation,

49. C. Clavius, *Euclidis Elementorum libri XV. Accessit XVI de solidorum regularium comparatione. Omnes perspicuis demonstrationibus, accuratisq[ue] scholiis illustratii, Rome, chez Vicentium Accoltum*, 1574, p. 186 ; F. Commandino, *De gli elementi d'Euclide libri quindici. Con gli scholii antichi. Tradotti prima in lingua latina da M. Federico Commandino da Vrbino, & con commentarij illustrati, et hora d'ordine dell'istesso trasportati nella nostra vulgare, & da lui riueduti*, Urbin, chez D. Frisolino, 1575, p. 61r.

50. E. Lee, « Let the Diagram Speak », *op. cit.*, p. 79.

51. Lee montre ainsi que dans les éditions imprimées de la Renaissance, on trouve dans les diagrammes les traces de construction, par exemple des arcs marquant l'usage du compas pour construire un point ; on trouve également des marques de correspondance pour les angles dans les diagrammes lettrés (le lecteur peut ainsi suivre les étapes de la démonstration sans quitter des yeux la figure) ; des procédés particuliers pour le tracé des lignes auxiliaires (lignes en pointillés ou en couleur) sont utilisés ; enfin les représentations stéréoscopiques sont l'occasion de développer de véritables animations avec les merveilleux *pop-up diagrams* (cf. *Ibid.*, p. 81-90).

52. Lee souligne aussi que l'émergence de cette nouvelle culture visuelle est très étroitement liée au développement de la géométrie pratique et à l'intensification sans précédent des liens entre géométrie, arpentage, cartographie, astronomie, architecture et peinture (cf. *Ibid.*, p. 90).

nous voudrions souligner qu'au XVIe siècle la modification des modes de transmission affecte en profondeur la nature et l'usage des diagrammes. Avec l'avènement de l'imprimerie, les figures ne constituent plus de simples compléments au texte, des éléments supplémentaires introduits *a posteriori*. Au contraire, elles deviennent une partie intégrante et constitutive du texte, composée et reproduite au même moment que lui et avec les mêmes moyens[53]. Les diagrammes sont essentiellement des résultats de procédures de construction (figures 4 et 5), non plus les produits d'une transcription à l'œil nu (figure 3). Ils ne sont plus des icônes, des images d'autres figures, mais des constructions qui peuvent être évaluées selon les critères proto-syntaxiques proches de ceux que formalise Mumma[54] : le modèle *type/token* peut leur être appliqué.

Nous l'avons vu à la fin du § 3, Kaplan ne rejette pas en bloc l'approche orthographique. Il la re-contextualise : le modèle *type/token* est lié selon lui à un mode particulier de transmission, celui des langues artificielles, mais aussi celui qui s'est développé dans le sillage des techniques d'imprimerie. Il est étonnant de constater que les données historiographiques collectées par les historiens qui étudient l'évolution des diagrammes dans les manuscrits mathématiques sur la longue période semblent conduire à la même conclusion. L'idée que les diagrammes euclidiens sont les résultats d'une procédure de construction réglée, d'une composition syntaxique de ce que l'on peut considérer comme des *types* complexes, loin d'aller de soi, émergerait à la Renaissance, lorsque l'ancienne division des tâches – copie du texte, puis copie des figures – disparaît pour laisser place à une perspective plus intégrative. Cette rencontre entre la critique d'un modèle abstrait de l'individuation des symboles et le résultat de recherches historiographiques est précisément ce sur quoi pariait Kaplan. Les chaînes de transmission ne sont pas descriptibles de façon *a priori* et ce n'est que l'étude patiente de leurs structures et caractéristiques qui peut permettre de dégager des critères partiels et transitoires d'identité. De ce point de vue, le modèle *type/token* n'est pas un mauvais modèle et pourrait même être étendu aux diagrammes. Encore faut-il pouvoir décrire les modalités concrètes de transmission auxquelles il a été, et reste, lié – ce que nous permet précisément de faire la nouvelle *philologie* des diagrammes.

Dans la section précédente, nous avons souligné que l'extension de la conception kaplanienne de l'individuation des symboles aux diagrammes était compromise par le fait que manque, dans le cas des diagrammes, un équivalent de la notion de communauté linguistique. Sans un tel concept, il est difficile de préciser ce que l'on entend par transmission. Alors que les diagrammes et leur évolution au fil de l'histoire a longtemps été un angle mort des études

53. *Cf.* R. Baldasso, « Printing for the Doge : On the First Quire of the First Edition of the *Liber Elementorum Euclidis* », *La Bibliofilía*, 115 (3), 2013, p. 537.

54. Voici ce qu'écrit Mumma dans *Intuition Formalized : Ancient and Modern Methods of Proof in Elementary Geometry*, *op. cit.*, p. 52 : « La dernière étape de la construction donne lieu à un diagramme [final] Σ, qui contient tous les objets à analyser lors de la démonstration. Cependant, ce n'est pas seulement Σ, mais toute l'histoire de la construction de Σ, qui détermine ce qui peut être déduit dans la démonstration. L'inférence dépend systématiquement *de la façon dont le diagramme* Σ *a été construit.* » Dans ***Eu*** les étapes qui amènent à la réalisation d'un diagramme Σ déterminent un ordre partiel qui engendre des dépendances entre les éléments composant Σ. Mais dans les diagrammes que l'on trouve dans la tradition médiévale, cet ordre partiel n'existe simplement pas.

sur la transmission des textes mathématiques anciens, l'historiographie a su récemment contourner l'obstacle et offrir un cadre d'analyse et des résultats qui permettent d'étudier l'individualisation des diagrammes à partir de leurs modalités de transmission. Le but de cette section a été simplement d'inviter les épistémologues à prendre la mesure et à tirer parti de qui se joue dans ce domaine, et qui nous paraît pouvoir être caractérisé par la mise en place d'une approche kaplanienne, en termes de monnaie courante, des diagrammes. Ce n'est pas parce que les figures mathématiques sont indépendantes des conventions linguistiques qu'elles n'ont pas d'histoire.

6. Conclusion

Le présent article vise d'abord à montrer qu'une partie de la littérature sur les diagrammes admet sans discuter la conception orthographique des mots. L'opposition entre représentations symboliques et représentations diagrammatiques la présuppose, et la stratégie de Shin et Mumma consiste explicitement à étendre le modèle *type/token* aux diagrammes. Le détour par Kaplan permet de reconnaître qu'une telle présupposition ne va pas de soi. Il y a une approche alternative, qui connecte l'individualité des symboles à la façon dont ils sont transmis. Et la possibilité de cette alternative manifeste, par contraste, à quel point la conception orthodoxe des symboles et des diagrammes est philosophiquement dangereuse, en ce qu'elle compromet toute approche naturaliste de leurs usages et de leurs transmissions.

Le second objectif, plus positif, mais aussi plus incertain, est d'explorer ce à quoi pourrait ressembler une approche des diagrammes qui s'enracinerait dans la conception de la monnaie courante esquissée par Kaplan. Dans une telle perspective, c'est évidemment à partir d'une histoire des diagrammes, de leurs usages et de leurs transmissions, qu'il faudrait penser leurs modes d'individualisation. Mais le problème, explicité dans le § 4, est que, selon le type d'usage et le type de communauté auquel on s'intéresse, cette histoire peut être contée de multiples façons. Dans le § 5, nous avons suggéré que cette difficulté n'était pas dirimante. L'historiographie récente qui étudie la transmission des diagrammes sur la longue durée nous donne les moyens de lier l'approche orthographique des diagrammes (celle de Shin et Mumma) à un mode de transmission particulier, qui s'est développé à la Renaissance après l'invention de l'imprimerie. Bien entendu, cette suggestion doit être étayée par d'autres enquêtes empiriques – mais la simple existence de telles enquêtes atteste de la possibilité de développer une approche des diagrammes en termes de monnaie courante.

Sébastien Gandon
PHIER, Université Clermont Auvergne

Gianluca Longa
PHIER, Université Clermont Auvergne

LES INTROUVABLES DES CAHIERS

PAP : PROLÉGOMÈNES À UNE APOLOGIE DU PRAGMATISME

Charles S. Peirce

Présentation Jean-Marie Chevalier

Le texte qui suit est la traduction inédite d'un manuscrit de Charles S. Peirce publié à titre posthume dans l'édition des *New Elements of Mathematics* par Carolyn Eisele[1]. Intitulé « PAP », c'est une version[2] de l'article « Prolegomena to an Apology for Pragmaticism », que Peirce avait écrit pour *The Monist* en 1906[3]. William James allait bientôt donner ses célèbres conférences sur le pragmatisme, qui populariseraient ce nouveau nom pour une vieille manière de penser[4], et déjà Peirce voulait se démarquer des usages déviants d'un terme qu'il employait régulièrement depuis les années 1900, mais dont il avait forgé la théorie un quart de siècle plus tôt. D'où la publication de deux premiers articles dans *The Monist* exposant respectivement la nature exacte du pragmatisme[5] et les questions brûlantes du « pragmaticisme » – nom donné à la version peircienne de cette méthode[6].

Peirce a à cœur d'y distinguer le pragmaticisme de positions trop souvent assimilées au pragmatisme comme le conventionnalisme, l'empirisme, le nominalisme ou le relativisme. Il y affirme donc, ainsi que dans d'autres textes de la même époque[7], son adhésion au sens-commun critique et au réalisme scolastique, et sa foi dans la réalité du possible et du général. Toutes ces thèses forment une unité organique[8]. La vérité du pragmatisme est susceptible de démonstration, d'où une incontestable technicité de certains de ces textes.

1. C. S. Peirce, *The New Elements of Mathematics by Charles S. Peirce*, volume IV, Carolyn Eisele (ed.), Mouton Publishers, The Hague, 1976, p. 313-330 pour l'article entier, p. 315-319 pour l'extrait ici publié. Le manuscrit porte le numéro 293 dans l'inventaire des manuscrits de Peirce à la Houghton Library de Harvard : Richard S. Robin, *Annotated Catalogue of the Papers of Charles S. Peirce*, Amherst, University of Massachusetts Press, 1967. Dorénavant, MS suivi du numéro renvoie aux manuscrits de Peirce indexés dans ce catalogue.

2. On pourrait croire à un brouillon préparatoire, mais il est désormais admis par les spécialistes de Peirce que cette version a été rédigée après la publication de l'article, vers la fin de 1906 ou au début de 1907.

3. C. S. Peirce, « Prolegomena to an Apology for Pragmaticism », *The Monist* 16(4), 1906, p. 492–546. Une partie de la traduction française de ce texte se trouve dans J.-M. Chevalier, *Qu'est-ce que raisonner ?,* Paris, Vrin, 2016, p. 79-85, assortie d'un commentaire p. 86-101.

4. W. James, *Le pragmatisme. Un nouveau nom pour d'anciennes manières de penser*, Paris, Flammarion, 2011. Les conférences furent délivrées pour la première fois à Boston en novembre et décembre 1906, et publiées en 1907.

5. C. S. Peirce, « What Pragmatism Is », *The Monist* 15(2), 1905, p. 161-181.

6. C. S. Peirce, « Issues of Pragmaticism », *The Monist* 15(4), 1905, p. 481-499.

7. Notamment plusieurs brouillons intitulés « The Basis of Pragmaticism » et « Consequences of Pragmaticism ».

8. *Cf.* C. Tiercelin, « Pourquoi le pragmatisme implique le réalisme », *Cahiers Philosophiques* (2017/3), n°150, p. 11-34.

L'une de ses meilleures démonstrations, soutient le philosophe de Milford, est graphique. Elle repose sur l'usage de diagrammes, et en particulier des Graphes Existentiels, une notation logique inventée par Peirce dans le prolongement de l'étude des signes, qui constituent selon lui le seul matériau de la pensée.

Dans les pages suivantes, Peirce a donc besoin de préciser sa notion de diagramme, pour l'inscrire dans une théorie sémiotique générale qui avance de conserve avec le développement de la thèse pragmaticiste. Si la maxime pragmatiste affirme que la signification d'un concept est l'ensemble de ses conséquences pratiques possibles concevables, alors ces concepts doivent être interprétés par des croyances entendues comme dispositions à agir. Le concept de dureté par exemple signifie ceci : si je crois que le diamant est dur, je ne chercherai pas à le rayer avec une autre pierre. L'interprétant d'une croyance est une habitude, car elle en est le signe. Toute pensée est une relation entre des signes, une inférence depuis des signes en demande de sens vers des signes interprétés sous la forme d'autres signes. L'implication logique en particulier est une forme d'interprétation des prémisses sous forme d'une conclusion, et ce au moyen de cet opérateur de la pensée nécessaire qu'est le diagramme.

La série d'équivalences suivante est au fondement de la conception peircienne des diagrammes : un raisonnement se fait toujours par signes; c'est un dialogue de la pensée avec elle-même; tout raisonnement nécessaire est mathématique; tout raisonnement nécessaire se fait par diagrammes[9]; tout diagramme est logique. La notion de diagramme est à la croisée d'une enquête sémiotique sur la nature de la pensée, de considérations sur la « philosophie de la notation » logique, et d'une réélaboration de la théorie kantienne du schématisme.

Avec les diagrammes, Peirce procède en effet à une reprise très critique, « pragmaticisée », du schématisme kantien. Il s'agit toujours de suppléer l'absence d'intuition intellectuelle par une construction des conditions de possibilité de l'objectivité des phénomènes. Mais dans la *Critique de la raison pure* de Kant, la « théorie des *schèmes* ne peut qu'avoir été pensée après coup, pour s'ajouter à son système une fois qu'il fut achevé en substance. Car un examen suffisamment précoce des *schèmes* aurait pris le pas sur l'ensemble de l'ouvrage. » (CP 1.35, c. 1885)[10] Les schèmes kantiens sont l'instrument synthétique suturant la séparation de l'intuition et du concept, tandis que pour Peirce les diagrammes sont antérieurs à la distinction artificielle de la sensibilité et de l'entendement.

Équivalent non kantien de la forme *a priori* de l'intuition dans laquelle se déploie la géométrie, le diagramme est cet espace à la fois perceptif et imaginaire, concret et mental, où s'opèrent et s'observent les mouvements de la pensée. Mais ce n'est pas seulement l'espace de la géométrie : c'est aussi un champ abstrait de transformation dans lequel tout raisonnement

9. La réciproque paraît globalement vraie. Néanmoins, Peirce indique à de très rares endroits, et en particulier dans notre manuscrit MS 293 « PAP », que les raisonnements ampliatifs peuvent aussi reposer sur la pensée diagrammatique. Cf. l'étude de cette question par Michael Hoffman « ... and therefore in a Remote Sense Abduction Rests upon Diagrammatic Reasoning », *Eurasia Journal of Mathematics, Science and Technology Education*, 14 (9), em1585, 2018, en ligne : https : //doi.org/10.29333/ejmste/92553.

10. CP suivi du numéro de volume et de paragraphe renvoie à l'édition des *Collected Papers of Charles Sanders Peirce*, Cambridge, Harvard University Press, vol. 1-6, 1931-1935, vols. 7-8, 1958.

peut exhiber sa nécessité. Pour autant qu'elles respectent les principes de la rationalité, toutes les inférences peuvent être représentées par des diagrammes, ou plutôt ceux-ci les *présentent* : il y a diagramme pour tout raisonnement nécessaire, car tout raisonnement nécessaire a la forme d'un diagramme. Un diagramme est en effet constitué par des parties en relations, lesquelles relations correspondent à celles de l'objet représenté par le diagramme. « Un *diagramme* est un dessin dont les parties sont suffisamment reliées comme les éléments d'une hypothèse pour servir d'aide à l'étude de celle-ci » (MS S-64, c. 1893), écrit ainsi Peirce, « hypothèse » étant à entendre au sens mathématique d'un « état de choses imaginaire » que l'on souhaite étudier. Ainsi, « tout raisonnement déductif consiste à construire une icône ou un diagramme dont les parties ont des relations qui présentent une complète analogie avec celles des parties de l'objet du raisonnement ; à expérimenter sur cette image dans l'imagination, et à observer le résultat de façon à découvrir des relations cachées et inaperçues entre les parties » (CP 3.363, 1885). On pourrait aller jusqu'à dire que la relation à laquelle on s'intéresse est littéralement présente dans le diagramme, si du moins il s'agit bien d'un diagramme de ce à quoi l'on s'intéresse. Rien d'étonnant dès lors à ce que tout raisonnement nécessaire soit diagrammatique, affirmation tout aussi analytique que celle disant que toute pensée se fait au moyen de signes – au prix d'une redéfinition de ce que sont un diagramme, un signe, le mental.

Un diagramme est d'abord une icône, et même l'une des trois classes de la subdivision des icônes, les hypoicônes, au milieu de l'image et de la métaphore. Une icône est souvent définie par la ressemblance à son objet. Mais pour éviter le psychologisme de cette notion[11], Peirce en donne ce que Frederik Stjernfelt a appelé une définition opérationnelle[12] : le propre de l'icône est que, « en l'observant directement, on peut découvrir d'autres vérités sur son objet que celles qui suffisent à déterminer sa construction » (CP 2.279, 1901). Plutôt que de parler de ressemblance, il est plus juste de dire qu'en tant qu'icône, un diagramme est « un signe qui renvoie à l'objet qu'il dénote simplement en vertu de caractères qui lui sont propres et qu'il possède de la même façon si cet objet existe vraiment ou non. » (EP 2, 291, 1903)[13] Autrement dit, ce qui caractérise une icône comme signe est le fait de partager des qualités avec une chose possible : une statue de centaure représente la possibilité qu'existe un centaure, quand bien même celle-ci ne serait jamais réalisée. Un diagramme est donc « strictement une possibilité, impliquant une possibilité » (EP 2, 227, 1903). D'où l'utilité, pour représenter les hypothèses mathématiques, de l'icône, « le seul signe qui conduit directement l'interprétant dans les parages de la signification ; et pour cette raison c'est le genre de signe avec lequel travaille le mathématicien » (MS 7, 1904).

11. *Cf.* J.-M. Chevalier, « The Problem of Resemblance in Peirce's Philosophy and Semiotics », *Versus* 120, gennaio-giugno 2015, p. 45-59.

12. F. Stjernfelt, « Diagrams as Centerpiece of a Peircean Epistemology », *Transactions of the Charles S. Peirce Society*, vol. 36, no. 3, 2000, p. 357–384.

13. EP suivi du numéro de volume et de page renvoie à l'édition de *The Essential Peirce. Selected Writings*, Indiana University Press, vol. 1, 1992, vol. 2, 1998.

La qualité que représente plus spécifiquement un diagramme (à la différence de l'image et de la métaphore) est une relation. Grâce aux diagrammes, la pensée parvient à représenter les relations pures, débarrassées de la chair des objets corrélés. « Nous formons dans l'imagination une sorte de représentation diagrammatique, c'est-à-dire iconique, des faits, aussi squelettisée [*skeletonized*] que possible. » (CP 2.778, 1901) Ce qui importe est là bien moins la représentation (visuelle par exemple) que l'activité d'abstraction qui dégage les relations. On pourrait dire en termes pragmatistes que le diagramme est avant tout une action, l'activité imaginaire de construction mentale d'un système de relations, et que c'est seulement de manière dérivée qu'il renvoie « au sens particulier d'une image mentale concrète mais possiblement changeante d'une chose qu'il représente ». Un dessin « peut être employé pour aider l'imagination, mais l'essentiel est d'accomplir l'acte d'imaginer » (MS 616, c. 1906).

C'est une des raisons pour lesquelles un diagramme n'est pas plus visuel que les phrases du langage par exemple. Il renvoie surtout à des abstractions. Celles-ci sont créées par l'acte même de représenter, au moyen de ce que Peirce nomme ailleurs la méthode d'abstraction hypostatique. Il s'agit de « l'action de métamorphoser un prédicat ou verbe-idée en un sujet » (MS 288, 1905). C'est ce que l'on fait par exemple en passant de « Le miel est doux » à « Le miel possède de la douceur ». Ce qui est créé n'est qu'une fiction, un *ens rationis*, mais il n'a rien de méprisable : on a beaucoup tourné en ridicule la vertu dormitive de l'opium, mais l'hypostase « confère aux mathématiques la moitié de leur pouvoir » (CP 5.449, 1905), en rendant « possibles les classes générales de prédicats, et les classes de ces classes, etc., d'une manière que la race terne et paresseuse des logiciens modernes a manqué d'étudier suffisamment » (EP 2, 394, 1906). La relation entre le meurtrier et la victime est-elle inventée par l'esprit qui la conçoit ? N'est-elle pas de toute éternité dans l'esprit divin, ou dans les possibilités de l'univers ? À moins qu'elle n'ait été créée lorsqu'une « certaine difficulté » opposa Abel et Caïn dans une lutte fratricide ? L'enjeu est celui de toute la métaphysique peircienne, inspirée d'un réalisme scotiste revisité. Les relations rationnelles sont réelles dans l'univers, comme le sont les *possibilia*. Mais il n'en demeure pas moins que ce sont des relations logiques, c'est-à-dire sémiotiques. Les relations intelligibles ainsi obtenues ne sont pas soumises à l'inspection de l'œil de l'esprit ni à aucune opération psychologique, mais résultent d'un processus se déroulant entre des signes, à savoir la traduction d'une pensée dans une autre pensée. C'est pour cette raison que la pensée, peut-on affirmer, prend toujours une forme dialogique. Les relations rationnelles, en tant qu'objets de seconde intention, relèvent d'une logique de second ordre. Peirce a inventé le système diagrammatique des Graphes Existentiels pour prendre en charge ces relations et fournir un « système pour diagrammatiser la cognition intellectuelle » (MS 292, 1906).

Ce lien avec la forme générale de la cognition fait des diagrammes non seulement des icônes mais aussi des symboles. L'instance particulière d'un diagramme est toujours interprétée en fonction d'une règle particulière qui lui confère une certaine généralité, et différentes règles d'interprétation correspondent à autant de types généraux différents. Par exemple, le dessin d'un cercle peut représenter un disque, une section conique, une courbe, un trou, etc. Les diagrammes sont ainsi des signes généraux ayant des objets généraux, qui ne reproduisent pas les structures particulières de leurs objets, mais la forme générale de cette structure. Ces relations peuvent être concrètes et existantes, mais si c'était toujours le cas le diagramme cesserait d'être un diagramme à proprement parler : les diagrammes concernent en effet essentiellement des relations intelligibles, rationnelles, des « possibilités substantielles » (CP 4.67, c. 1894). Si le diagramme-icône a un lien si fort avec les symboles, c'est parce qu'il peut toujours être l'interprétant d'un symbole. Non seulement un diagramme est construit grâce à des règles symboliques (on comprend que telle forme particulière sur une feuille vaut pour un cercle), mais il permet à son tour d'accéder au sens d'un autre symbole. En tant que représentant d'un type général et non plus seulement comme instanciation particulière, le diagramme peut avoir la signification d'un symbole, c'est-à-dire s'en faire l'interprétant. C'est parce que, inversement, n'importe quel symbole peut être reconduit par inférence jusqu'à une icône : un symbole fournit la règle, même vague, de construction d'une icône du prédicat d'un objet. « Un *diagramme* est une *icône* ou image schématique incarnant la signification d'un prédicat général; et de l'observation de cette *icône* nous sommes censés construire un nouveau prédicat général. » (EP 2, 303, 1904) Par exemple, le concept de chien me fournit la règle (au sens peircien d'une habitude non nécessairement explicite) pour identifier les futures instances de chien, c'est-à-dire en définitive construire le diagramme du chien. En d'autres termes, on peut dire qu'un diagramme rend explicites certaines règles contenues dans un symbole.

Tout diagramme met donc en jeu les trois grands types de signes de la plus célèbre trichotomie peircienne : c'est une icône et un symbole, qui fonctionne en outre à l'aide d'indices. « Un diagramme est un *representamen* (un signe) qui est de manière prédominante une icône de relations et est aidée à l'être par des conventions. Des indices sont également plus ou moins utilisés. Il doit être réalisé sur la base d'un système de représentation parfaitement consistant, fondé sur une idée de base simple et aisément intelligible. » (MS 492, 1902) Ce système de représentation est celui des Graphes Existentiels. En somme, le diagramme enveloppe tout un processus d'interprétation, que l'on peut résumer de la façon suivante[14]. Un ensemble de conditions est proposé. C'est un symbole de relations, un diagramme sur lequel opérer (que Peirce nomme le « *transformand* », terme qu'il a pu trouver chez le mathématicien William R. Hamilton). L'observateur se saisit du diagramme dans son instanciation physique (que Peirce nomme *token*, par opposition au type général), avant de l'interpréter comme une icône de relations, puis comme un symbole par abstraction hypostatique, comme un symbole intermédiaire, enfin comme symbole final, jusqu'à l'établissement d'une conclusion. Par exemple, le dessin d'un cercle sur une feuille peut représenter un cercle en général, puis une totalité, puis la population française, puis (par comparaison avec un autre cercle) le fait que la population française est moins nombreuse que celle

14. *Cf.* F. Stjernfelt, « Diagrams as Centerpiece of a Peircean Epistemology », art. cit.

de l'Allemagne. L'interprète a donc délibérément enrichi par l'observation et la manipulation le diagramme-symbole initial, pour dévoiler dans un diagramme-symbole rationnel la structure de l'objet dont le diagramme initial était le signe. On pourrait dire que ce processus d'interprétation suit deux axes[15] : verticalement, le passage d'un symbole à une icône à un nouveau symbole; horizontalement, le passage de diagramme en diagramme en vertu de permissions, qui sont les règles de transformation des Graphes Existentiels.

La manipulation et les transformations des diagrammes en font tout l'intérêt : c'est par ces gestes mentaux d'observation et parfois de construction que s'opèrent les démonstrations logiques et mathématiques de même que tout raisonnement nécessaire en général. Dans le « quasi-esprit »[16] où se déploie la pensée non psychologique, l'expérimentation sur les diagrammes donne à voir le processus du raisonnement en acte, comme en de « mouvantes images de la pensée » (CP 4.8, 1906).

Jean-Marie Chevalier

15. S. Marietti, « The Semiotic Approach to Mathematical Evidence and Generalization », *Activity and Sign : Grounding Mathematics Education*, Springer, 2005, p. 35-43.

16. *Cf.* la lettre à Lady Welby suivante de 1906 : « Je désespère presque de pouvoir expliquer clairement ce que j'entends par "quasi-esprit", mais je vais essayer. Une pensée n'est pas en soi dans un esprit ou un quasi-esprit. Je dis cela au même sens que je pourrais dire que le Juste et la Vérité resteraient ce qu'ils sont s'ils n'étaient pas incarnés, et si rien n'était juste ou vrai. Mais une pensée, pour acquérir un mode d'être actif, doit être incarnée dans un signe. Une pensée est une variété spéciale de signe. Toute pensée est nécessairement une sorte de dialogue, un appel du moi momentané au moi mieux considéré du futur immédiat et du futur général. Or, comme toute pensée nécessite un esprit, tout signe, même s'il est extérieur à tous les esprits, doit être la détermination d'un quasi-esprit. Le quasi-esprit est lui-même un signe, un signe déterminable. » (C. S. Peirce, and V. Welby, *Semiotic and Significs : The Correspondence between Charles S. Peirce and Victoria Lady Welby*, Bloomington, Indiana University Press, 1977, p. 195)

Premier extrait

Charles S. Peirce

Afin d'exposer la proposition selon laquelle tout raisonnement nécessaire est diagrammatique, il me faut expliquer exactement ce que j'entends par diagramme, un mot que j'emploie dans un sens plus large qu'on ne le fait habituellement. Un diagramme, dans mon sens, est en premier lieu un *token*, ou objet singulier utilisé comme signe, car il est essentiel qu'il soit susceptible d'être perçu et observé. C'est toutefois ce qu'on appelle un signe général, c'est-à-dire qu'il désigne un objet général. Il est, en effet, construit avec cette intention, et représente donc l'objet de cette intention. Or, l'objet d'une intention, d'un but ou d'un désir est toujours général. Le diagramme représente une forme définie de relation. Cette relation est généralement une relation qui existe dans les faits, comme sur une carte, ou qu'on a l'intention de faire exister, comme dans un projet. Mais ce point est si loin d'être essentiel au diagramme en tant que tel, que si des détails sont ajoutés pour représenter des particularités existentielles ou expérientielles, ces ajouts sont distinctement d'une nature non diagrammatique. Le diagramme pur est conçu pour représenter et rendre intelligible la forme de la relation, rien d'autre. Par conséquent, les diagrammes sont limités à la représentation d'une certaine classe de relations, à savoir, celles qui sont intelligibles. On peut faire un diagramme de la bataille de Gettysburgh, car dans un certain [sens], elle peut ainsi devenir compréhensible. Mais on ne fait pas un diagramme simplement pour représenter la relation d'assassin à assassiné, bien qu'il ne soit pas impossible de représenter cette relation dans une instance de graphe; et la raison pour laquelle on ne le fait pas, c'est qu'il y a peu de choses, voire rien, dans cette relation, qui soit rationnellement compréhensible. Elle est connue comme un fait, et c'est tout. Je ne crois pas trop m'avancer en affirmant qu'une relation intelligible, c'est-à-dire une relation de pensée, est créée seulement par l'acte qui la représente. Je ne veux pas dire que si nous devions un jour découvrir la nature métaphysique de la relation de meurtre, cette relation intelligible serait par là créée. Car si la nature de l'assassinat est telle, elle l'a toujours été, à partir de la date d'une certaine « difficulté » et d'une certaine révolte dans les labours d'un champ. Non, car la relation intelligible a été signifiée, bien qu'elle n'ait pas été interprétée par l'homme, depuis que le premier meurtre a été commis, sinon bien avant. La pensée de Dieu – si l'anthropomorphisme vous déplaît trop, vous pouvez dire la pensée dans l'univers – l'avait représentée.

Quoi qu'il en soit, un diagramme est clairement dans tous les cas le signe d'une collection ou d'un pluriel ordonné – ou, plus exactement, de la pluralité ou multitude ordonnée, ou d'un ordre dans la pluralité. Or un pluriel – mettons par exemple Alexandre, Hannibal, César et Napoléon – semble incontestablement être un *ens rationis*, c'est-à-dire être créé par la représentation même qu'on en fait. Et l'ordre semble de même nature, c'est-à-dire qu'il semble être un aspect, ou le résultat d'une certaine manière de prendre les choses en compte. Mais ce sont là des points subtils, et j'aimerais accorder à la question plus mûre réflexion avant de faire peser trop de choses sur la justesse de ma solution. Aucun doute en revanche sur ceci : on perçoit que c'est en tant qu'icône que le diagramme représente la forme définie de la relation intelligible qui constitue son objet, c'est-à-dire qu'il représente cette forme par une ressemblance plus ou moins vague avec celle-ci. En général il n'y a pas beaucoup de vague, mais j'utilise ce mot parce que le diagramme ne définit pas lui-même jusqu'où au juste s'étend la ressemblance, et dans certains cas caractéristiques une telle définition serait impossible, bien que la forme de relation soit en elle-même définie, puisqu'elle est générale. C'est pourtant une caractéristique très essentielle du diagramme *per se* que, bien qu'il soit une icône en tant que tout, il contient toutefois des parties qui peuvent être reconnues et distinguées en attachant à chacune d'elles un indice sémantique distinct (ou un sème indicatif, si vous préférez cette expression). Les lettres de l'alphabet remplissent généralement cette fonction. Ces indices sont tout à fait caractéristiques du diagramme, comme le montre le fait que, bien que sous une forme ou une autre ils soient indispensables à l'utilisation du diagramme, il est rare qu'on en veuille pour l'énonciation générale de la proposition que le diagramme sert à démontrer. Ce qu'on est en droit d'exiger de la définition d'un dispositif artificiel tel que l'est un diagramme, c'est avant tout qu'elle énonce ce que fait la définition et ce à quoi elle sert, de sorte que ces points doivent maintenant être abordés, même au risque de faire courir à cette définition d'un diagramme le danger de ne pas détenir la supériorité absolue sur toutes les autres, toutes catégories confondues, qui onques furent ou seront produites, eu égard à la grâce principale des définitions, celle de la brièveté. Ce que fait tout signe est de déterminer son interprétant. L'interprétant réactif [*responsive*], ou signification, d'un des types de signes est une présentation vague, celui d'un autre type est une action, tandis que celui d'un troisième est impliqué dans une habitude et est général dans sa nature. C'est à cette troisième classe qu'un diagramme appartient. Il doit être interprété selon les conventions incorporées dans les habitudes.

On contemple le diagramme, et on en préscinde immédiatement les caractères accidentels qui ne sont pas significatifs. Ils disparaissent complètement de notre compréhension du diagramme, et bien qu'ils relèvent d'un genre dont aucune chose visible n'est dépourvue (je suppose un genre de diagramme visuel), leur disparition est de l'ordre de l'entendement et n'empêche pas de soumettre les caractéristiques du diagramme, devenu maintenant un schème, à l'examen de l'observation. Par quel équipement psychique cela s'effectue, le logicien ne s'en enquiert pas. Il lui suffit de pouvoir contempler le diagramme et percevoir qu'il a certaines caractéristiques qui lui appartiendront toujours, quelle que soit la manière dont ses caractères non signifiants pourraient être modifiés. Ce qui est vrai du diagramme géométrique dessiné sur le papier serait également vrai du même diagramme quand il est mis sur le tableau noir. Nous avons les mêmes garanties que pour toute description de ce que nous voyons de nos yeux. Mais l'action du diagramme ne s'arrête pas là. Il a la même action percussive sur l'interprète que toute autre expérience. Il ne stimule aucune contre-action immédiate et ne nourrit pas non plus, dans sa fonction de diagramme, d'attente particulière. En tant que diagramme, il excite la curiosité quant à l'effet qui serait produit en le transformant.

Deuxième extrait

Charles S. Peirce

Afin d'exposer en entier la proposition selon laquelle tout raisonnement nécessaire est diagrammatique, je dois expliquer exactement ce que signifie pour moi un diagramme. Mais il serait extrêmement difficile de remplir cette tâche à présent. Je m'efforcerai de le faire plus loin dans cet article, mais pour l'heure, je pense mieux répondre aux besoins du lecteur en offrant un exposé qui couvrira les points principaux, et en laissant les autres, dont la nécessité ne se perçoit qu'après une étude approfondie, pour la suite, lorsque le besoin s'en fera sentir.

En premier lieu, donc, un diagramme est une icône d'un ensemble d'objets reliés rationnellement. Par reliés *rationnellement*, je veux dire qu'il y a entre eux, non seulement une de ces relations que nous connaissons par expérience mais que nous ne parvenons pas à comprendre, mais une de ces relations avec lesquelles toute personne qui raisonne doit avoir un contact intime [*inward acquaintance*]. Ce n'est pas une définition suffisante, mais pour le moment je n'irai pas plus loin, sauf pour dire que le diagramme non seulement représente les corrélats reliés, mais aussi, et de manière bien plus définie, les relations entre eux, comme autant d'objets de l'icône. Or le raisonnement nécessaire rend sa conclusion *évidente*. Quelle est cette « évidence » ? Elle consiste dans le fait que la vérité de la conclusion est *perçue*, dans toute sa généralité, et dans la généralité le comment et le pourquoi de la vérité sont perçus. Quelle sorte de signe peut communiquer cette évidence ? Cela ne peut assurément pas être un indice, puisque c'est par la force brute que l'indice jette son objet dans le champ de l'interprétation, la conscience, comme s'il dédaignait la pauvre « évidence ». Un symbole ne peut rien faire de plus qu'appliquer une règle empirique reposant entièrement sur l'habitude (en comprenant sous ce terme les dispositions naturelles) ; or une habitude n'est pas une évidence. Je suppose que l'opinion générale des logiciens serait, comme assurément ce fut la mienne pendant longtemps, que le syllogisme est un symbole, à cause de sa généralité. Mais il y a une analyse inexacte et une confusion de pensée à la base de cette conception, car ainsi compris, il ne parviendrait pas à fournir d'évidence. Il est vrai que les icônes ordinaires – la seule classe de signes qui reste pour l'inférence nécessaire – suggèrent simplement la possibilité de ce qu'elles représentent, étant des percepts *moins* l'insistance et la percussivité des percepts. En elles-mêmes, ce ne sont que des sèmes, qui ne prédiquent rien, pas même de manière interrogative. C'est donc une caractéristique très extraordinaire des diagrammes qu'ils *montrent* – aussi littéralement qu'un percept *montre* que le jugement perceptuel est vrai – qu'une conséquence s'ensuit, et, plus merveilleux encore, qu'elle *s'ensuivrait* au gré des circonstances diverses accompagnant les prémisses.

Ce n'est pas, cependant, le diagramme-icône statique qui montre cela directement, mais le diagramme-icône ayant été construit avec une intention, impliquant un symbole dont il est l'interprétant (comme Euclide, par exemple, énonce d'abord en termes généraux la proposition qu'il a l'intention de prouver, puis passe au dessin d'un diagramme, en général une figure, pour faire voir sa condition antécédente), laquelle intention est, comme toute autre, générale quant à son objet, à la lumière de cette intention détermine un interprétant symbolique initial. En attendant, le diagramme reste dans le champ de la perception ou de l'imagination, et ainsi le diagramme iconique et son interprétant symbolique initial pris ensemble constituent ce que nous appellerons sans trop dévoyer le terme de Kant un *schème*, qui est d'un côté un objet susceptible d'être observé tandis que de l'autre il est général. (Bien sûr, j'utilise toujours « général » dans le sens habituel de général quant à son objet. Si je veux dire qu'un signe est général quant à sa matière, je l'appelle un type, ou typique.) Voyons maintenant comment le diagramme entraîne sa conséquence. Le diagramme participe suffisamment de la percussivité d'un percept pour déterminer, comme son interprétant dynamique, ou intermédiaire [*middle*], un état d'activité de l'interprète, mêlé de curiosité. Comme d'habitude, ce mélange conduit à une expérimentation. C'est l'effet logique normal, ce qui veut dire que cela ne se produit pas seulement dans le cortex du cerveau humain, mais que cela doit manifestement se produire dans tout quasi-esprit dans lequel des signes en tous genres ont une vitalité à part entière. Or, tantôt d'une manière, tantôt d'une autre, il est inutile de s'arrêter pour énumérer lesquelles, on a reconnu que certains modes de transformation des diagrammes du système de diagrammatisation utilisé étaient permis. Il est très probable que cette prise de conscience remonte à une ancienne induction, remarquablement forte en raison du faible coût de la simple expérimentation mentale. Certaines circonstances liées au but qui a initialement motivé la construction du diagramme contribuent à déterminer la transformation permise qui est effectivement réalisée. Le schème *voit*, pourrait-on dire, que le diagramme transformé [*transformate*] est substantiellement contenu dans le diagramme de départ [*transformand*], et dans ses caractéristiques significatives, quels que soient ses accidents – comme, par exemple, le Graphe Existentiel que l'on obtient après un effacement sur la feuille phémique est contenu dans le graphe qui était présent à l'origine, et le serait quelle que soit l'encre de couleur employée.

Le diagramme transformé est l'interprétant final ou rationnel du diagramme de départ, tout en constituant en même temps un nouveau diagramme dont l'interprétant initial, ou signification, est l'énoncé symbolique, ou l'énoncé en termes généraux, de la conclusion. Par ce chemin labyrinthique, et par aucun autre, il est possible de parvenir à l'évidence ; et l'évidence appartient à toute conclusion nécessaire.

Il y a au moins deux autres lignes d'argumentation entièrement différentes, chacune à peu près, et peut-être tout à fait, aussi concluante que celle ci-dessus, bien que moins instructive, pour prouver que tout raisonnement nécessaire se fait par diagrammes. L'une d'elles montre que chaque étape d'une telle argumentation peut être représentée, mais généralement de manière beaucoup plus analytique, par des Graphes Existentiels. Or, dire que la procédure graphique est plus analytique qu'une autre, c'est dire qu'elle démontre ce que l'autre suppose virtuellement sans preuve. Ainsi, la méthode graphique, qui est diagrammatique, est la forme la plus saine de la même argumentation.

L'autre preuve consiste à reprendre, une à une, chaque forme de raisonnement nécessaire, et à montrer que la présentation diagrammatique de celui-ci lui rend parfaitement justice.

Traduction J.-M. Chevalier

L'ESSOR DE LA DIAGRAMMATOLOGIE
Entretien avec Frederik Stjernfelt

En 2007, le philosophe danois Frederik Stjernfelt a donné une nouvelle vigueur aux études sur les diagrammes en publiant son opus majeur *Diagrammatology.* Ce terme a acquis l'extension d'une sous-discipline à part entière à l'intérieur des études sémiotiques. La diagrammatologie fédère aujourd'hui des recherches venues des sciences cognitives aussi bien que du post-structuralisme, des mathématiques et des études littéraires. Frederik Stjernfelt explique comment la diagrammatologie résulte pour lui d'une redéfinition de certains concepts fondamentaux (ceux de signe, de proposition et de diagramme au premier chef) amorcée par le père du pragmatisme, Charles S. Peirce.

Cahiers Philosophiques : *Est-ce par la lecture de Charles S. Peirce que vous avez développé votre intérêt pour les diagrammes ?*

Frederik Stjernfelt : Oui. Il y a même un texte particulier qui m'a vraiment ouvert les yeux. C'est une version des « Prolégomènes à une apologie du pragmaticisme » de Peirce. Les « Prolégomènes », qui datent de 1906, constituent un article merveilleux mais difficile. Or il existe une version parallèle de ce texte que Peirce a simplement appelée « PAP » [1]. Elle n'a jamais été publiée de son vivant. Peirce y est beaucoup plus explicite sur les diagrammes que dans la version publiée. Ce texte m'est très cher parce qu'il a en quelque sorte donné un coup d'envoi à mon profond intérêt pour Peirce. En le lisant, je me suis dit : c'est quelque chose que je dois vraiment approfondir. Il a été publié dans le quatrième volume du recueil des textes mathématiques de Peirce édité par Caroline Eisele. C'est un texte étonnant. C'est là que Peirce développe sa notion générale de diagramme. Je me souviens d'avoir lu cet article et de m'être dit : c'est fantastique ! Il y a une longue citation de ce texte dans mon livre sur les diagrammes.

1. *Cf.* la rubrique « Introuvables » de ce numéro, p. 81.

CP : *Diriez-vous que vous avez une définition particulière de ce qu'est un diagramme, ou une caractérisation spéciale ? Beaucoup de chercheurs essaient de trouver des caractéristiques spécifiques, comme le « trajet gratuit » (*free ride*, c'est-à-dire que le simple fait de poser les prémisses d'un problème fait apparaître la conclusion gratis, sans qu'on ait besoin de tirer d'inférence), ou le fait d'obtenir en surcroît quelque chose de plus que la conclusion de la déduction, etc. Comment entrez-vous dans le débat ?*

FS : En tant que réaliste, Peirce n'a jamais été tellement obsédé par les définitions, ce que l'on peut constater par le fait qu'il a décrit à maintes reprises et de manière toujours nouvelle nombre de ses concepts centraux. Je pense que c'est une erreur de faire trop de remue-ménage autour de la question de savoir, par exemple, quelle définition d'une icône est la plus correcte. Parce qu'en un certain sens, je pense que Peirce considère que des concepts tels que celui d'icône par exemple sont des concepts profonds et qu'ils peuvent être décrits de nombreuses façons différentes selon le contexte. Chaque approche jette un nouvel éclairage sur eux. Une simple définition ne nous aiderait donc pas vraiment. Si vous prenez l'article classique du pragmatisme de 1878 « Comment rendre nos idées claires », Peirce formule trois niveaux de clarté. Pouvoir donner la définition de quelque chose n'en constitue en fait que le premier. Au niveau le plus profond, le troisième, on est en mesure de retracer les implications de la conception. C'est en quelque sorte le noyau de la version peircienne du pragmatisme. Et ces implications peuvent aller dans de nombreuses directions différentes, elles ne sont pas nécessairement saisies par de simples définitions. La notion de diagramme aussi peut être décrite de plusieurs façons. Bien sûr, une façon très simple dont Peirce la caractérise consiste à dire que le diagramme est un type d'icône. C'est effectivement une sorte d'icône-squelette dans laquelle sont mises en évidence les relations entre les parties de l'objet. Et ces relations entre les parties de l'objet dans un diagramme doivent être représentées par ce qu'il appelle des « relations rationnelles », des relations qu'on est capable de décrire clairement d'une certaine manière. Si vous prenez l'exemple archétypique d'un diagramme comme le triangle d'Euclide, Peirce dirait qu'il s'agit d'un diagramme parce qu'il a la propriété d'analyser les parties du triangle à la manière d'un squelette, et de montrer comment elles sont reliées de manière claire. C'est une description très basique, qui bien sûr n'épuise pas ce que Peirce a à dire à propos des diagrammes. Il est toutefois très important de dire dans un premier temps qu'un diagramme est une icône-squelette mettant en évidence les relations entre les parties d'un objet.

CP : *Quelles sont les autres caractéristiques des diagrammes ?*

FS : Ensuite, l'étape suivante consiste à prendre conscience que dans les diagrammes, la distinction entre *type* et *token* est toujours très importante, parce que tous les diagrammes, qu'on les voie sur un écran d'ordinateur, sur un tableau ou sur la page d'un livre, ont besoin de recevoir une sorte d'instanciation physique : c'est le *token* du diagramme. Mais le *token* a toujours beaucoup de propriétés accidentelles et superflues par rapport au *type*. C'est là que Peirce fait appel à sa notion de « prescission » qui est une sorte d'abstraction particulière. Lorsqu'on interagit avec un *token* de diagramme, il faut pouvoir mettre entre parenthèses les propriétés superflues du diagramme. Prenons une fois de plus le triangle imprimé sur la page d'un livre : ce sera généralement un triangle noir imprimé sur fond blanc, mais les couleurs ne sont vraiment pas pertinentes pour ce qu'est le triangle, en tant que type. Les couleurs auraient pu être n'importe lesquelles, donc en un certain sens il faut « préscinder », comme dirait Peirce, les couleurs. Lorsqu'on approche le type par le biais du token on préscinde les couleurs : celles-ci ne jouent aucun rôle dans la définition du triangle. Et il en va de même pour une ligne : Euclide définit la ligne comme ce qui n'a pas de largeur ; or une ligne dans un token de diagramme physique a une largeur, même très petite. Mais on doit pouvoir la préscinder et faire comme si elle n'en avait pas. Dans chaque diagramme, il y a une longue liste de propriétés dont on ne tient pas compte, et on doit pouvoir se débarrasser de toutes les propriétés non pertinentes afin de se concentrer sur celles qui sont pertinentes. Quand on fait cela, on se rend capable d'obtenir une forme d'accès direct à la généralité. C'est ce que Peirce affirme de manière très ambitieuse, et c'est une très belle idée que si l'on a un token et que l'on fait abstraction de toutes les propriétés accidentelles, pour ainsi dire, alors on a en quelque sorte accès au triangle général. En un certain sens, cela répond à Locke et aux empiristes britanniques qui affirment qu'il n'existe pas de triangle général. Peirce dit : si, il existe, on peut l'approcher si l'on détourne le regard des propriétés particulières, on est en quelque sorte capable, je ne dirais pas de voir, parce que ce serait trop simpliste, mais d'accéder au triangle général. Il est possible d'imaginer quelque chose qui n'est pas complètement déterminé, comme le dit également Peirce.

CP : *Et c'est parfois délicat, parce qu'on court le risque de prendre une propriété accidentelle pour une propriété générale.*
FS : Exactement. C'est une source d'erreur possible. C'est une chose très importante concernant Peirce : même si d'un certain point de vue le raisonnement avec des diagrammes purs est a priori, Peirce dirait que ce n'est pas le cas, et de toute façon même s'il était a priori, il n'est pas infaillible. Nous pouvons faire des erreurs. Une source probable d'erreur est que nous oublions de préscinder une propriété accidentelle et que nous la considérons comme essentielle. Ce serait une source d'erreur typique. On pourrait dire que c'est l'étape suivante. Et bien sûr, la troisième étape, la plus importante, est celle où Peirce dit que – c'est vraiment une thèse stupéfiante – tout raisonnement déductif est diagrammatique. Cela conduit bien sûr directement au corollaire que toutes les mathématiques sont obtenues par un raisonnement diagrammatique. En un certain sens, ces deux affirmations sont deux versions de la même idée, puisque Peirce dirait que toutes les mathématiques sont déductives. Tout ce complexe est très intriguant. L'idée est qu'une fois que l'on a accès à un objet plus ou moins général par le biais du token de diagramme, on peut manipuler le diagramme ou expérimenter sur lui pour lui faire subir une transformation et, si l'on a de la chance, on peut parvenir de cette manière à une démonstration. Euclide est ici le véritable point de départ de Peirce. D'une certaine manière, il est tout à fait étonnant que l'on puisse, avec un simple morceau de craie et un tableau noir, faire une petite manipulation et prouver un théorème. C'est incroyable : on peut prouver des théorèmes déductifs stricts en utilisant simplement un petit morceau de craie sur une surface physique.

CP : *Cette remarque sur les diagrammes mathématiques vaut-elle pour n'importe quel diagramme ?*
FS : Ce fait étonnant conduit Peirce à faire ces affirmations extrêmement vastes et ambitieuses. Le rapport du type et du token implique également que tous les diagrammes sont généraux dans une certaine mesure. Certains peuvent l'être beaucoup plus que d'autres, certains peuvent être assez proches de l'objet, mais Peirce dirait que tous les diagrammes possèdent un certain degré de généralité. C'est très important car c'est une sorte de condition préalable pour pouvoir les traduire en conclusions générales. Par exemple la proposition selon laquelle la somme des angles d'un triangle est égale à deux angles droits : c'est une affirmation très générale. Mais certaines conclusions sont plus particulières, comme la carte topographique d'une région : une telle carte est aussi un diagramme, bien sûr, et elle est beaucoup plus empirique. Le triangle euclidien n'est pas un diagramme empirique, mais la carte synthétise un grand nombre d'informations empiriques à propos du paysage. Elle a néanmoins un certain degré de généralité, car ce n'est pas un instantané du paysage, elle est valable au moins pour une certaine période. Bien sûr, de nouvelles villes peuvent apparaître, de nouvelles routes peuvent être construites, auquel cas il faudra réviser le diagramme pour l'adapter au paysage ; mais il a un certain degré de généralité, et on peut en tirer des conclusions générales. Par exemple, il y a telle, telle ou telle façon de prendre l'autoroute pour aller d'une ville à une autre. C'est une conclusion générale, qui n'est pas valable uniquement pendant un instant.

CP : *L'idée que tout diagramme est général est peut-être une chose que nous avons tendance à oublier quand on dit que Peirce pensait par diagrammes, qu'il imaginait ou voyait des diagrammes. Il a en effet écrit et répété qu'il n'était pas très à l'aise avec le langage et les mots mais qu'il pensait en diagrammes. Pensez-vous que, par là, il voulait dire, non pas qu'il voyait réellement des figures, mais plutôt qu'il approchait la généralité des concepts ?*
FS : Oui, en un certain sens, mais cela demeure une question ouverte, vraiment, parce qu'évidemment nous n'avons pas accès à ce que Peirce pensait ou voyait de ses yeux. Mais je crois que cela a trait à une autre question très importante pour Peirce, qui n'a pas été si souvent abordée. Je pense que, d'une certaine façon, il anticipe toute la thèse de l'Esprit étendu, d'Andy Clark, David Chalmers et autres, toute cette idée que, dans de nombreux cas, la cognition humaine ne se déroule pas seulement dans le cerveau, mais qu'elle bénéficie d'un soutien externe, et que même, dans de nombreux cas, ce soutien externe ne peut pas être ôté sans que tout le processus soit mis en échec. Vous connaissez les exemples classiques d'Andy Clark : utiliser un carnet de notes, une règle et un compas, ou une calculatrice, des choses de cette sorte, des exemples très simples. Le très jeune Peirce, dès les années 1860, a énoncé la célèbre thèse : « Toute pensée est en signes ». Je pense que c'est vraiment une façon d'anticiper la thèse de l'Esprit étendu, parce que lorsque Peirce dit « signes », il peut s'agir de signes que l'on imagine dans son esprit, et il peut tout aussi bien s'agir de signes extérieurs sur un morceau de papier, dans un livre ou sur un écran d'ordinateur. Sa notion de signe est insensible à cette distinction. Il y a même une citation amusante où Peirce dit que les psychologues ont tenté l'ablation d'un lobe cérébral, remarqué qu'alors on ne peut plus parler, et conclu

que la faculté de parler se trouvait dans ce lobe cérébral ; et Peirce répond : je ne suis pas d'accord, je pense que ma faculté de parler se trouve plutôt dans ma langue, et ma faculté de penser dans mon encrier, parce que, dit-il, si je n'avais pas d'encre, de stylo et de papier, les pensées ne me viendraient pas. Donc, en un certain sens, il dit que l'encrier fait partie de l'Esprit étendu. Ainsi, même en une acception forte, Peirce anticipe Andy Clark.

CP : *Mais ne faut-il pas distinguer les instruments d'expression de la pensée, ou ce qui peut jouer le rôle de support mnémotechnique, et le véhicule réel des idées ?*
FS : Peirce ajoute à un autre endroit : la pensée d'un homme est bien davantage dans ses livres que dans son esprit. Et en tant qu'auteur de livres, je pense moi aussi que c'est exact. Si l'on donne un cours à l'université et qu'on enseigne le contenu d'un livre qu'on a soi-même écrit, on doit s'y reporter et relire son livre : il n'est plus dans la tête. Peut-être certaines idées seront-elles restées dans l'esprit, mais généralement dans une version plus vague, floue et incomplète. On n'écrit pas un livre uniquement pour communiquer ses pensées aux autres, mais, en premier lieu, tout simplement pour les articuler de façon cohérente, ce qui nécessite de les extérioriser. Si quelqu'un souhaite savoir précisément ce qu'il veut dire, il doit regarder dans son propre livre pour pouvoir enseigner. Je pense donc que Peirce a raison. Les pensées sont mieux représentées dans le livre que dans l'esprit. Donc, en un certain sens, c'est une version très forte de la thèse de l'Esprit étendu. Et je pense que c'est également important quant à l'aspect diagrammatique, parce que, bien sûr, beaucoup de diagrammes sont dessinés sur le papier ; en particulier, lorsqu'un diagramme dépasse certaines limites, il est possible de faire des diagrammes beaucoup plus compliqués hors de l'esprit qu'à l'intérieur de l'esprit. Par exemple, il est presque impossible d'apprendre par cœur une carte topographique de façon à la voir dans tous ses détails avec le regard intérieur. Il est beaucoup plus pratique, pour utiliser une carte, d'en avoir un exemplaire réel sur papier ou sur un GPS, et de pouvoir faire l'expérience nécessaire afin de trouver son itinéraire lorsqu'on conduit une voiture. Il est bien meilleur d'avoir une version externalisée du diagramme que l'on peut utiliser pour raisonner. Cette idée d'externalisation des signes est donc aussi un élément très important dans la conception peircienne de ce qu'est un diagramme.

CP : *C'est une opinion assez controversée : certaines traditions philosophiques considèrent qu'au contraire, la pensée ne se trouve pas dans ses instanciations physiques. Pour Socrate, un livre est complètement mort, comme pour tous les représentants de ce qu'on a pu appeler la tradition logocentrique.*
FS : Exactement. Je pense que Peirce est très opposé à cela. Peirce n'est certainement pas logocentrique dans ce sens. Je pense qu'il a raison : on peut s'emparer d'un livre qu'un autre auteur a écrit et le lire, et sans avoir besoin d'en faire la lecture à haute voix, il est possible de le lire directement pour son esprit et de comprendre ce que l'auteur veut dire, et d'entendre sa voix. Sur ce point-là, Platon se trompe, et bien que je ne sois pas un grand fan de Derrida, il avait raison dans sa critique du logocentrisme.

CP : *En parlant de Derrida, le titre de votre livre* Diagrammatologie*…*
FS : C'est bien sûr une sorte de plaisanterie sur le titre du vieux livre de Derrida. Aussi parce que, même si je pense qu'il a raison de s'être opposé au logocentrisme, tout le scepticisme et même l'irrationalisme qui ressortent de ses œuvres sont en totale contradiction avec Peirce. Peirce est un réaliste très convaincu, qui pense vraiment que l'utilisation des diagrammes, de la logique, de la sémiotique etc., est une voie d'accès vers la réalité. Bien sûr, Derrida a lui-même cité Peirce dans De la grammatologie, mais il n'en a choisi qu'une partie et, de toute évidence, il n'avait pas beaucoup lu Peirce à l'époque. Ce qu'il retient dans De la grammatologie, c'est juste l'idée de Peirce qu'un signe renvoie au suivant, qui renvoie au suivant, qui renvoie au suivant… et Derrida tient cela pour une tragédie parce que les signes n'atteindraient alors jamais la réalité : nous sommes enfermés dans la prison des signes, et blablabla. Bien sûr, Peirce n'accepterait jamais une telle idée, précisément parce que le fait qu'un signe renvoie au suivant, puis à un autre, encore à un autre etc. est notre façon d'approcher toujours plus près de la réalité au fur et à mesure que la science progresse. Il est donc évident que Derrida utilise Peirce à ses propres fins, mais son interprétation n'est pas conforme à ce que Peirce voulait dire de toute façon.

CP : *Vous connaissez bien les philosophes français, notamment pour avoir étudié à Paris.*
FS : Oui, un semestre au milieu des années 1980, quand j'étais un jeune étudiant. Je suis allé dans la classe de Gilles Deleuze. Il parlait de cinéma. C'est à peu près à cette époque qu'il a publié ses deux livres sur le cinéma, L'Image mouvement et L'Image temps. Il enseignait à Saint-Denis. Je suis allé voir de nombreux professeurs français célèbres de l'époque. Un mercredi sur deux, il y avait le séminaire de Greimas, près de Denfert-Rochereau, à la faculté protestante. C'était très amusant, parce que la plupart des autres membres, comme Kristeva, étaient des célébrités qui enseignaient. Greimas était déjà un homme âgé à l'époque, et beaucoup de ses anciens étudiants, qui étaient eux-mêmes professeurs, revenaient toujours au séminaire, donc il y avait toujours des discussions très intéressantes. Il y avait Jean Petitot, Claude Zilberberg, Louis Marin, Michel de Certeau, Jacques Fontanille, parfois même Paul Ricœur, tous ces gens étaient là. C'était beaucoup plus inspirant intellectuellement que de voir Deleuze enseigner sur lui-même semaine après semaine. Greimas et Ricœur étaient publiquement en désaccord et s'opposaient, mais en même temps, c'étaient des amis personnels. C'est un rapport très civilisé qui me plaisait.

CP : *À propos de philosophie française : en France, nous avons une tradition de recherche sur les diagrammes dans le sillage de Foucault, Deleuze et Gilles Châtelet. Pour eux, les diagrammes sont quelque chose de très spécifique qui n'a pas grand chose à voir avec le concept de diagramme de Peirce. Ils entendent par là un concept d'inspiration nietzschéenne renvoyant à des configurations ou dispositifs de forces.*
FS : C'est un concept totalement différent, quoiqu'il porte le même nom. Il est également important de bien comprendre que le concept peircien de diagramme est très différent de la notion commune de diagramme, laquelle est beaucoup plus étroite que la conception de Peirce. Peirce étend considérablement la notion de

diagramme lorsqu'il le redécrit. Cela contribue d'une certaine manière au fait que beaucoup de gens ont du mal à comprendre Peirce, parce qu'il opère une révolution de tout le champ des concepts, par exemple ceux de diagramme, proposition, signe, inférence, argument. Lorsqu'on prend conscience de ce que Peirce entend par ces concepts, c'est très éloigné de l'usage qu'on fait normalement de ces mots et, en général, il s'agit d'un usage plus général. Une équation algébrique est chez Peirce un parfait exemple de diagramme, même si beaucoup de gens diraient : non, c'est de l'algèbre, c'est complètement différent. Pour Peirce l'algèbre est une sorte de sous-catégorie de diagramme, c'est simplement un type spécifique de diagramme. En confrontant différentes représentations logiques, lorsqu'on compare les Graphes Existentiels de Peirce avec l'expression linéaire de la logique, beaucoup de gens seraient tentés de dire que les premiers sont diagrammatiques et que l'autre est symbolique. Peirce ne dirait jamais cela. Il dirait qu'ils sont diagrammatiques tous les deux, mais qu'ils relèvent de types de diagrammes différents. Ces deux types utilisent également des symboles. Pour un peircien, distinguer une représentation diagrammatique d'une représentation symbolique n'a vraiment aucun sens. Mais bien sûr, dans notre usage quotidien des mots « diagramme » et « symbole », il est parfaitement logique de dire qu'une expression algébrique est symbolique et qu'un triangle dessiné est un diagramme. Suivant l'emploi technique que Peirce fait de ces notions, ce serait un non-sens. C'est en partie pour cette raison qu'il faut beaucoup de travail pour comprendre l'usage de Peirce. L'un des facteurs est bien sûr que Peirce utilise énormément de nouveaux termes qu'il invente lui-même. Il est resté célèbre en tant qu'inventeur de beaucoup de mots difficiles, mais le pire, d'une certaine manière, est qu'il utilise beaucoup de notions quotidiennes d'une manière assez différente. Lorsqu'il parle de « symbole », il s'agit d'un autre concept que dans l'acception courante, reçue, du symbole. Il en va de même avec les termes « diagramme » et « proposition ». Ce n'est que plus tard que j'ai découvert à quel point la théorie des propositions de Peirce est intéressante et révolutionnaire.

CP : *Le concept de proposition chez Peirce n'est donc pas identique à celui communément employé dans la philosophie contemporaine.*

FS : Toute la tradition analytique à l'exclusion de Frege – car Frege le savait aussi –, à partir de Russell, a supposé tacitement qu'une proposition est un phénomène linguistique. Si vous avez un langage, vous pouvez articuler une proposition. Et Peirce subvertit complètement cela, en disant qu'il y a des propositions en dehors du langage et bien avant le langage. Le langage est un moyen de traiter les propositions, mais ce sont ces dernières qui viennent d'abord. Les animaux ont des propositions. Les langues humaines constituent seulement un très bon outil pour traiter, articuler et argumenter avec des propositions. Les propositions ne sont pas du tout inventées par le langage. Je pense donc qu'il faut se débarrasser de beaucoup d'habitudes de pensée pour pouvoir vraiment apprécier le point de vue de Peirce ici. Si vous demandez à un philosophe analytique « Donnez-moi un exemple de proposition », il vous répondra « Le chat est sur le tapis » ou « Le ciel est bleu » : une expression linguistique. Mais si vous demandez à Peirce, il vous dira : une image avec un titre. Il le fait souvent. Une image avec un titre est même un prototype d'exemple de proposition, car elle affirme que cette image est une image de cet objet. C'est une affirmation qui peut être vraie ou fausse, elle a donc les qualités élémentaires d'une proposition. Même dans ce cas, elle est à moitié exprimée en langage, parce que le titre est une expression linguistique, et dans ce cas la proposition est la combinaison entre le titre linguistique et la surface de l'image non linguistique, que ce soit une photo, un dessin, un tableau ou autre, mais en tout cas un signe non linguistique. Mais vous pouvez même avoir des propositions parfaites sans langage.

CP : *Pouvez-vous nous donner un exemple d'une proposition non linguistique ?*
FS : La langue des signes des sourds est parfaitement capable d'exprimer des propositions. Si je veux dire qu'une personne est folle, je peux tourner mon index sur ma tempe et ensuite pointer le doigt vers la personne, de sorte que ces deux signes pris ensemble forment une proposition. Le geste de pointer est la partie sujet de la proposition et le geste de tourner en est la partie prédicat. Le premier signifie « il est » et le second signifie « fou ». Vous pouvez donc faire une proposition parfaite sans langage. Ainsi, les signes, les images, les diagrammes, les gestes, le langage peuvent se combiner de toutes sortes de façons pour former une proposition. Il y a cette plasticité étonnante dans la théorie des propositions de Peirce, qui n'existe pas du tout dans la tradition analytique, parce que les philosophes analytiques n'ont jamais discuté cette question : ils ont pris comme axiome implicite que les propositions doivent être linguistiques. Quand on commence à s'en rendre compte, c'est presque une révélation. Une carte fait une affirmation, bien qu'elle soit implicite. Une carte d'Europe prétend que l'Angleterre se trouve sur une île, ou qu'il y a une mer entre l'Angleterre et le continent, et ce sont des affirmations qui visent la vérité. Une simple carte topographique affirme beaucoup de propositions qui prétendent être vraies. On s'en aperçoit par le fait que lorsque la carte fait une erreur, par exemple sur les premières cartes d'Amérique où la Californie est une île, c'est un énoncé « véritatif » qui est faux, et bien sûr la même carte peut par ailleurs faire d'autres affirmations vraies. C'est la même chose que pour un livre, où il peut y avoir une phrase fausse et les autres vraies, sans qu'il n'y ait rien de vraiment étrange à cela. Un corollaire extraordinaire de la théorie peircienne de la proposition est que les propositions sont beaucoup plus répandues qu'on ne le pense, elles sont partout, en particulier dans une période comme maintenant où l'on rencontre toutes les questions des « fake news » : c'est une bonne chose d'avoir une sémiotique de la vérité robuste, telle que Peirce la propose avec sa théorie des propositions. Les affirmations visant la vérité sont faites non seulement dans les textes, mais aussi dans toutes sortes de combinaisons d'images, diagrammes, gestes, textes dans les médias, sur Internet, dans la sphère publique, etc. Le lien avec la théorie des diagrammes est que, étant donné un diagramme, on peut avoir un indice qui relie le diagramme à un objet, et cela constitue alors une proposition. Dans l'exemple de la carte de l'Europe, tous les noms sur la carte sont des indices reliant la carte à Londres, à l'Angleterre, à la France, etc. La carte géographique dans son ensemble est une proposition très compliquée où le diagramme nu sans les noms est en quelque sorte la partie prédicat de la proposition. Une fois qu'on a saisi cela, on éprouve un sentiment de libération, en réalisant qu'il y a des énoncés de vérité vraiment partout qui utilisent le langage, les diagrammes et les images.

CP : *Votre deuxième livre* Natural Propositions, *qui développe cette théorie des propositions, apparaît ainsi comme une généralisation du premier sur les diagrammes, comme si vous vous étiez rendu compte que les diagrammes ne constituent qu'une donnée du problème.*

FS : C'est exact. Grâce au premier livre, qui est sorti en 2007, j'ai été invité en 2010 en tant que chercheur en résidence à Berlin, à la Humboldt Universität, où le grand et regretté John Michael Krois, un Américain vivant en Allemagne depuis si longtemps qu'il était pratiquement devenu natif, et qui était professeur au département de philosophie de la Humboldt, avait un projet très bien doté avec l'historien de l'art Horst Bredekamp. Ils formaient une sorte de duo dynamique et avaient un centre appelé « Image-act and embodiment ». J'ai donc été invité à passer un certain temps dans leur centre et j'ai eu de longues discussions avec John Krois. Malheureusement, il est tombé malade et est mort peu de temps après, mais il était très inspirant. Il en savait beaucoup sur Peirce. C'était un spécialiste de Cassirer et un membre très actif de l'équipe qui a publié le Nachlass de Cassirer. Pendant cette période, j'ai beaucoup discuté avec lui et c'est lors de mon séjour à Berlin que j'ai vraiment eu l'occasion d'élargir le champ d'application pour approfondir la théorie des propositions de Peirce.

CP : *Vous êtes récemment passé de la question de l'expression de la vérité à de nouveaux projets sur la liberté d'expression.*

FS : C'était très amusant. J'ai travaillé avec deux brillants historiens, pendant deux ans, pour écrire ce livre. C'est un énorme volume de 5 kg, ou plutôt deux volumes dans une boîte. Le titre en traduction directe signifierait quelque chose comme « Confiserie grossière ». Il vient d'une expression danoise contemporaine qui dit quelque chose comme : « les gens grossiers devraient avoir un dessert grossier ». Il s'agit en quelque sorte de dire que lorsqu'on a affaire à des personnes grossières, on est autorisé à parler librement. De nombreux pamphlets qui servent de base à ce livre sont grossiers, c'est pourquoi nous avons pensé que ce serait un bon titre. L'objet central du livre est la période danoise dite « période de la Liberté de la presse », de 1770 à 1773, où la censure a été complètement abolie, une incroyable expérience politique à grande échelle.

CP : *Votre nouveau projet semble complètement indépendant du champ des études peirciennes. Est-ce le cas ?*

FS : Dans une perspective très large, on peut trouver quelques lignes communes : les deux sont liés aux Lumières, au progrès et à l'avancement de la vérité. Les propositions et les diagrammes sont potentiellement des outils sémiotiques exprimant la vérité. Mais c'est à un niveau très général qu'on pourrait trouver de telles connexions, bien sûr. En revanche, contrairement au livre sur la période de la Liberté de la presse, mon intérêt pour Peirce ne concerne pas l'histoire intellectuelle, il est systématique. Je ne m'intéresse pas à Peirce en raison de sa place dans l'histoire des idées – aussi intéressante soit-elle –, mais au premier chef en raison de ses idées géniales, qui peuvent être reprises, développées, transformées et utilisées de nos jours encore.

CP : *À un niveau plus spécifique, avez-vous essayé d'utiliser certains outils sémiotiques pour analyser les pamphlets ?*

FS : En effet, mais c'est plutôt de manière implicite. Je fais référence à Peirce dans quelques notes de bas de page du livre, essentiellement parce que dans la seconde moitié de la période de la Liberté de la presse, une évolution intéressante se produit : de nombreux imprimés qui unissent texte et image paraissent. En danois, on les qualifie tous d'imprimés à feuillet unique, parce qu'ils tiennent sur un seul grand morceau de papier avec une estampe et un texte. C'est à cette occasion que j'ai fait référence à l'idée de Peirce selon laquelle des propositions peuvent être constituées d'une image et d'un texte : si l'on unit l'image et le texte d'une manière particulière, ils forment une proposition. Mais ce n'est qu'au niveau des notes de bas de page. Peirce n'est jamais mentionné dans le corps du livre. C'est de la sémiotique appliquée, il n'y avait pas lieu de parler de Peirce dans ce livre.

CP : *Pourquoi ces trois années dans l'histoire du Danemark ont-elles été marquées par une telle liberté d'expression ?*

FS : C'est une histoire très pittoresque. À l'époque de l'absolutisme au Danemark, nous avions un roi qui, en principe, dirigeait tout, comme Louis XIV en France. Il était très jeune, c'était un adolescent et il semble avoir été un esprit brillant. Il était obsédé par les Lumières. Il a été couronné à seize ans. À dix-neuf ans, il alla en visite officielle à Paris, et tout seul, organisa une rencontre avec de nombreux philosophes des Lumières. Ils étaient vingt, parmi lesquels Diderot, d'Alembert, Helvétius, tous sauf Voltaire qui était à Ferney. Mais tous les autres étaient là pour discuter avec le jeune roi. Malheureusement, il a rapidement développé une forme de folie, et quelques années plus tard il était devenu encore plus paranoïaque et schizophrène.

CP : *Est-ce le roi du film* Royal Affair *?*

FS : Oui, Christian VII. Ce fut une période vraiment dramatique et mouvementée. La Cour a donc décidé de faire appel à un docteur pour le soigner. C'était un médecin allemand, nommé Struensee. Il venait d'Altona, près de Hambourg, la ville la plus méridionale du Danemark. Il était également fasciné par les idées des Lumières, et avait de très bonnes relations dans la République des Lettres. Le roi et lui sont devenus de très bons amis, et il a donc commencé à proposer au monarque une législation éclairée. Le tout premier texte de loi qu'il a convaincu le roi d'introduire a établi la liberté totale d'expression. Ainsi, du jour au lendemain, la censure a été complètement abolie, le 14 septembre 1770. Tout d'un coup, toutes sortes de pamphlets étranges sont apparus à Copenhague. Heureusement, un fonctionnaire a vu que c'était unique et s'est donc mis à recueillir les pamphlets – et cette collection est la base sur laquelle nous avons pu écrire le livre. Le médecin allemand a introduit des centaines de nouvelles lois, il était très actif. Il édictait plus d'une loi par jour. Il était complètement grisé par la possibilité d'introduire les Lumières dans un état absolutiste. C'est une période très intéressante. Beaucoup de ses idées étaient fort belles : il a libéralisé la morale et la législation, interdit l'usage de la torture, introduit la méritocratie, l'idée qu'on ne devrait occuper une charge publique que si l'on possède une compétence déterminée.

CP : *Pouvez-vous nous dire pourquoi cette période n'a duré que trois ans ?*
FS : Évidemment, tout a fini en tragédie. Parce qu'il se trouve que ce médecin allemand était non seulement très ami avec le roi, mais aussi très ami avec la reine. Très très ami. La morale de l'histoire, c'est qu'on ne touche pas à la reine. Les rumeurs sur la liaison entre Struensee et elle ont circulé à Copenhague, et la liberté de la presse s'est retournée contre lui. De plus en plus de pamphlets sont apparus contre lui parce que cette relation avec la reine déplaisait aux Danois. Donc, après un an et demi, également à cause de la concurrence au sein de la Cour absolutiste, une autre faction a fait un coup contre lui. Une parodie de procès a eu lieu, et en avril 1772 il fut décapité en place publique à l'extérieur de Copenhague, avec la moitié de la ville en spectateur.

CP : *C'était dix-sept ans avant la Révolution française…*
FS : Oui. Puis un nouveau gouvernement succéda, qui n'osa pas vraiment mettre fin à la liberté de la presse, parce qu'elle était en fait plutôt populaire. Au lieu de cela, le nouveau pouvoir a lentement commencé à étrangler la liberté de la presse par d'autres moyens, en donnant à la police le droit d'interdire les écrits après leur parution, ce qui marqua en somme la fin de la période de la Liberté d'expression à la fin de 1773. Mais pendant ces trois années, environ mille pamphlets ont été publiés. Ils constituent le sujet principal de notre livre. C'était très amusant de travailler sur ce matériau. Nous prévoyons maintenant d'écrire une version plus courte du livre, en anglais, car nous pensons que cette expérience est également pertinente pour un lectorat international. C'est une expérience unique : un pays européen de taille moyenne introduisant la liberté totale de la presse. Que se passe-t-il alors ? D'une certaine manière, c'est une sorte d'expérience socio-politique à très grande échelle.

CP : *Ne pourrait-on pas dire la même chose d'Amsterdam à l'époque de Spinoza ?*
FS : C'était une période extrêmement intéressante, et il y avait un certain degré pratique de liberté de la presse, mais pas légalement. Même aux Pays-Bas, à l'époque de Spinoza, il n'y avait pas de liberté totale : l'ami de Spinoza, Adriaan Koerbagh, a été condamné à une peine sévère, et plusieurs autres de ses proches ont été incarcérés. Ce n'était pas une liberté accordée par la loi, et elle variait d'une ville néerlandaise à l'autre.

CP : *Diriez-vous que par rapport à vos activités récentes, les diagrammes appartiennent à une autre partie de votre vie ?*
FS : Absolument. Mais j'écris toujours deux ou trois articles sur Peirce chaque année. Mon intérêt pour Peirce ne décline pas du tout. Et ce que je voudrais par-dessus tout, c'est faire une demande de subventions pour un projet Peirce à la Fondation Carlsberg, qui a financé le projet sur la Liberté de la presse. Ce serait absolument magnifique, mais je ne suis pas certain qu'ils seraient susceptibles d'accepter un tel projet. Mon principe est le suivant : il vaut mieux demander de l'argent qu'on peut obtenir que de demander de l'argent qu'on veut simplement obtenir. Mais je ne sais vraiment pas vers quel organisme me tourner pour trouver des financements pour un projet Peirce.

CP : *Avez-vous des idées spécifiques sur les aspects des écrits de Peirce que vous aimeriez étudier ?*

FS : Mon intérêt principal pour Peirce s'est étendu à tout le complexe de la philosophie de la logique, de la philosophie des sciences, de la sémiotique et de la logique appliquée, dans un certain sens : diagrammes, raisonnement diagrammatique, propositions, comment il est possible de faire des propositions à l'aide de diagrammes et d'images, et comment cet usage des signes se manifeste dans la vraie vie, dans les sciences comme dans la sphère publique. Je veux dire : chez les gens qui utilisent des diagrammes et des images pour énoncer la vérité. Sur tout ce complexe, je pense que Peirce était vraiment très en avance sur son temps, et même presque en avance sur le nôtre, parce qu'il a vu énormément de choses intéressantes – comme les propositions multimédias. Lorsque vous fouillez dans Peirce, vous continuez à trouver des idées fantastiques, dont certaines ne sont que brièvement esquissées, nécessitant davantage de développement. C'est aussi à cause du fait qu'il existe tous ces écrits inédits, et que beaucoup d'entre eux n'ont pas encore été vraiment examinés à fond. Je pense qu'à chaque fois qu'on y plonge, on trouve des idées incroyables. Pas plus tard que l'été dernier, j'ai été invité à participer à un numéro spécial sur la théorie des assertions de Peirce, qui est bien sûr une sous-question de la théorie des propositions. J'ai écrit un article et encore une fois, j'ai été sidéré de voir combien d'idées passionnantes Peirce développe. C'était un esprit incroyable. Je continue de découvrir de nouvelles idées intéressantes – et je ne suis pas le seul. Je suis enthousiasmé par les travaux d'autres chercheurs contemporains sur Peirce, comme ceux d'Ahti Pietarinen, Francesco Bellucci, Tullio Viola, Chiara Ambrosio, Mats Bergman, Susan Haack, Claudio Guerri, Fernando Andacht, John Sowa, Risto Hilpinen, Ilkka Niiniluoto, Richard Atkins, Joao Queiroz, Cathy Legg, Marc Champagne, Nathan Houser, André de Tienne, Robert Marty, Fernando Zalamea, Jaime Nubiola, Winfried Nöth, Lucia Santaella, Sun-Joo Shin, Sami Paavola, Kelly Parker, Michael Hoffmann, Cornelis de Waal, Leila Haaparanta, Robert Lane, et de bien d'autres qui creusent dans ces trésors. C'est peut-être un secret de Polichinelle, mais je crois vraiment que nous vivons en plein âge d'or des études peirciennes.

Propos recueillis par J.-M Chevalier.

PARUTION

ALAIN CORBIN, *TERRA INCOGNITA. UNE HISTOIRE DE L'IGNORANCE*, ALBIN MICHEL, 2020

Barbara de Negroni

En 1692, Bayle projetait d'écrire un Dictionnaire critique « auquel on pût avoir recours, pour être assuré si ce que l'on trouve dans les autres Dictionnaires, et dans toutes sortes d'autres livres est véritable[1] ». Ce livre aurait contenu un recueil des faussetés énoncées dans tous les autres textes ; on aurait eu ainsi une sorte de pierre de touche de la lecture : tout ce qui figurerait dans l'œuvre d'un auteur et qui n'aurait pas été signalé par Bayle serait vrai. Bayle a fini par changer son plan et a écrit un *Dictionnaire historique et critique*, où figurent à la fois des informations historiques et des analyses et des commentaires sur bien des erreurs qu'on trouve dans les bibliothèques.

En 2020 Alain Corbin se propose un objet historique qui n'est pas moins paradoxal que celui de Bayle : il ne s'agit plus de travailler sur l'erreur, mais sur l'ignorance. Partant d'une des citations de Jules Verne où un héros constate qu'on pourrait faire des centaines de volumes avec tout ce qu'on ne sait pas, Alain Corbin montre comment la recherche de l'ignorance est une recherche fondamentale pour l'historien. Il est impossible en effet de connaître les hommes sans discerner ce qu'ils ne savaient pas, soit parce que tout le monde l'ignorait, soit parce qu'ils n'étaient pas en situation de le savoir. Maintenant il est clair que la connaissance de l'ignorance pose autant de problèmes que celle des erreurs et A. Corbin doit bien limiter son objet : dans *Terra incognita*, il a choisi un champ, la Terre, en travaillant sur l'effacement ou le maintien de ses mystères. Et il a également établi des limites temporelles en travaillant sur l'évolution de l'ignorance de 1755 au début du XXe siècle. Effectuer cette recherche a supposé de discerner différentes configurations en séparant ce qui ne pouvait être que rêvé parce que c'était inexplorable (les profondeurs marines ou les pôles), ce qui était observable et inexplicable (les tremblements de terre, les brouillards secs) et enfin ce qui commençait à être exploré et permettait ainsi un recul de l'ignorance.

Mais cette question de l'ignorance est d'autant plus complexe qu'elle n'est pas traitable de façon universelle à un certain moment. Il est fondamental pour A. Corbin d'étudier ce qu'il appelle le feuilletage des ignorances, c'est-à-dire

1. P. Bayle, *Dissertation concernant le projet d'un Dictionnaire critique à M. du Rondel, Dictionnaire historique et critique*, 5e éd., Amsterdam, 1734, t. V, p. 698-713.

les différents degrés d'ignorance d'hommes vivant à la même époque. À partir du XVIIIe siècle ce feuilletage va aller en s'élargissant entre ceux qu'on considère comme des savants et la masse des individus. Et il est difficile pour l'historien d'être capable de faire abstraction de ses propres connaissances, de faire taire toutes les images de la Terre qu'il porte en lui quand il lit un roman de Balzac, de Dickens ou de Stendhal.

Le livre d'A. Corbin est divisé en trois grandes parties : la première porte sur la faible connaissance de la Terre au siècle des Lumières, la seconde sur le lent recul des ignorances entre 1800 et 1850, et la troisième sur la Terre et le recul de l'ignorance de 1860 à 1900.

A. Corbin commence par analyser l'état des connaissances, et par là même l'importance de l'ignorance au siècle des Lumières. Il part de l'exemple de la catastrophe de Lisbonne : en 1755, un raz de marée (que nous appellerions aujourd'hui un tsunami), suivi d'un incendie, dévaste Lisbonne, occasionnant plus de dix mille morts. Fort nombreux, les tremblements de terre avaient été régulièrement décrits, et bien souvent expliqués par des causes divines : soit comme des châtiments, soit comme des œuvres de miséricorde, destinées à prévenir la damnation. Progressivement, on a pris en compte les causes secondes que Dieu laisse opérer. Les savants, pendant plus de cinquante ans, se sont opposés sur les causes de cette catastrophe, en invoquant différentes explications : une inflammation souterraine, des secousses, des phénomènes électriques. De 1755 au début du XIXe siècle, une série d'interrogations ont émergé, qu'on voit apparaître aussi bien dans l'*Encyclopédie* que dans les dictionnaires savants, livres qui semblent avant tout effectuer un inventaire des incertitudes, pour ne pas dire des ignorances.

Question de l'âge de la Terre : Bossuet dans le *Discours sur l'histoire universelle* estime qu'elle doit avoir à peu près six mille ans, montrant ainsi ce que l'on pensait de l'ancienneté de la Terre quand on se posait la question. Question de sa structure interne, les travaux de Sténon en 1669 jettent les bases de la stratigraphie, mais quelle que soit leur importance ils n'ont pas eu d'écho immédiat, et n'ont donc pu agir en profondeur sur l'histoire des savoirs et des ignorances. Et s'il y a bien au XVIIIe siècle une éclosion de la géologie, il est clair que la majorité de la population ne se posait guère de questions à son propos, et que même les individus qui lisaient ne pouvaient réussir à arriver à une conception claire entre des théories désaccordées, des bribes d'expériences, des observations imprécises. Les plus cultivés des voyageurs préféraient alors se laisser aller au rêve et évoquer les poètes plutôt que de s'imprégner des théories inabouties des savants.

Ignorance des pôles : s'il y avait eu au début du XVIIe siècle des expéditions maritimes, leur échec avait conduit à renoncer aussi bien à l'espoir de trouver un passage du Nord-Ouest qu'à celui de découvrir un continent antarctique. Ignorance tout aussi grande des abysses : les cordes à plomb utilisées au XVIIIe siècle ne pouvaient pas atteindre plus de 730 mètres de profondeur; selon Buffon la profondeur de la mer ne devait pas dépasser 450 mètres, selon Kant elle ne pouvait excéder 100 mètres.

Ignorance également de la montagne : longtemps considérée comme un lieu horrible, comme le territoire du diable, la moyenne montagne devient à la mode au début du XVIIIe siècle, le Valais est idéalisé par Rousseau, les peintres et les graveurs la représentent, les thérapeutes vantent les qualités de son air. Il reste que la montagne continue à beaucoup inquiéter, les avalanches y semblant d'autant plus terrifiantes qu'elles sont imprévisibles. Quant aux glaciers ils semblent complètement incompréhensibles puisqu'on ne connaît ni les mécanismes de leur formation, ni ceux de leur glissement. Les volcans, quant à eux, fascinent autant qu'ils inquiètent; les Anglais prolongent leur Grand Tour vers le sud de l'Italie, les peintres les représentent : le volcan est à la mode. Mais on ne sait pas expliquer les éruptions, et les brouillards secs observés lors de l'éruption du Laki en Islande en 1783 inquiètent d'autant plus que tout le monde en ignore la cause. Enfin de très nombreux météores rendent la Terre angoissante, des tempêtes aux cyclones, des brouillards aveuglants aux orages violents. L'ignorance à leur sujet est quasiment totale, on ne connaît ni leur cause, ni leur itinéraire, on est incapable de les prévoir; en revanche un phénomène comme la tempête est fort bien documenté par les navigateurs, et le naufrage est un topos fondamental de la peinture et de la littérature du siècle des Lumières. L'invention du paratonnerre par Franklin en 1752 commença d'amoindrir la terreur inspirée par la foudre.

On voit donc qu'à la fin du XVIIIe siècle les ignorances demeuraient immenses, et que leur feuilletage social était très resserré, l'élite savante étant fort étroite. A. Corbin montre bien à quel point il est difficile pour nous de pénétrer le cerveau des hommes du siècle des Lumières finissant et d'imaginer leurs représentations de la Terre, alors que se produisait à ce moment-là une révolution des émotions et de la sensibilité ⊠ ce qu'on appelle le romantisme ⊠ qui nous est beaucoup plus familière. Si le siècle des Lumières voulut s'opposer à l'ignorance et à la superstition, il a atteint ses objectifs de façon très limitée pour ce qui concerne la connaissance de la Terre.

La seconde partie du livre étudie le lent recul des ignorances au début du XIXe siècle : Louis Agassiz, convaincu par l'hypothèse d'une glaciation passée, bouleverse la vision de la temporalité de la surface de la Terre; la géologie fait également de grands progrès, mais la pauvreté de la vulgarisation a dû limiter le retrait social de l'ignorance. Restent encore bien des phénomènes inexpliqués et en particulier l'énigme des brouillards secs : de 1815 à 1818 des brouillards secs recouvrent la Terre en raison de l'éruption du Tambora en Indonésie, et personne dans le monde occidental ne peut soupçonner que la présence de ce film d'aérosols s'explique par une éruption en Indonésie. Quant aux abysses ils restent totalement inconnus : les marins sondent sans relâche, mais le plus souvent leurs câbles sont trop courts. Et les pôles restent également le siège de nombreux mystères. En revanche, les nuages commencent à être connus : Luke Howard met en évidence les mécanismes de leur formation et leur durée; il est à l'origine de la nomenclature des nuages; les *Sky studies* de Constable semblent un livre d'illustrations des propos du savant. Cela dit, on ne doit pas surestimer le nombre d'individus dont le regard porté vers le ciel s'est transformé.

La troisième partie du livre porte sur le recul de l'ignorance durant la seconde partie du XIXe siècle. On fait l'inventaire des abysses marins : on réussit à mettre en place un télégraphe électrique allant de l'Angleterre aux

États-Unis, on inventorie la faune et la flore, en présentant, en particulier à Monaco, les premières collections d'espèces abyssales. La météorologie fait aussi beaucoup de progrès ; on commence à élaborer une sismologie, à mesurer l'empire de la glace, à résoudre les énigmes posées par les cours d'eau. On arrive progressivement à une nouvelle lecture de l'espace terrestre, même si la question des pôles reste entière et qu'on continue à se demander s'il existe une mer libre au pôle.

Mais, et c'est l'aspect le plus intéressant du livre d'A. Corbin, la vulgarisation concernant la connaissance de la Terre a été lente, et cela a considérablement compliqué le feuilletage des ignorances. L'école, la presse, les conférences, les expositions ont joué un rôle important en amplifiant ce feuilletage. Et le choses ici sont loin de s'améliorer : A. Corbin montre comment le feuilletage des ignorances s'accroît depuis trente ans dans des proportions vertigineuses, gênant ainsi l'échange des individus : pouvoir se parler suppose un socle de connaissances et d'ignorances communes ; et il voit dans l'augmentation de ce feuilletage une des raisons du déclin des bistrots et des cafés.

Ce livre d'A. Corbin ouvre ainsi une recherche essentielle : il est important de faire une histoire des ignorances concernant chaque période de l'histoire afin de mieux connaître les hommes qui la vivaient. C'est la seule façon de réussir à comprendre leurs décisions et leur cadre de pensée. En écrivant un *Dictionnaire historique et critique*, Bayle montrait le rôle qu'ont pu jouer des erreurs historiques, lorsqu'on les considérait comme vraies ; A. Corbin met, lui, en évidence la nécessité de prendre conscience des ignorances pour pouvoir réussir à comprendre les raisonnements des hommes du passé.

Barbara de Negroni

ABSTRACTS

Penser par diagrammes

Diagrammatic elimination

Amirouche Moktefi

The use of diagrams in logic is ancient. In the early days of mathematical logic, they were used to solve the problem of elimination, among other things. It consists in extracting the conclusion that derives from a set of premises by eliminating unwanted or superfluous terms and propositions. To that end, logicians invented a multitude of notations. It is therefore necessary to question the place of diagrammatic methods in this research program as well as their interactions with other symbolic and mechanical problem-solving methods. Do diagrams really eliminate?

Metamorphosis of the tree : from schema to diagram and from coral to rhizome

Laurence Dahan-Gaida

The tree is the very paradigm of the diagram, and has been the subject of the most various uses in manie fields and for the most diverse purposes : mnemonic tool, model of organization of knowledge, conceptual hierarchies, genealogical relations, hereditary processes, modeling of history or natural evolution, etc. From the tree of Porphyry to the tree of the encyclopedists, from the Darwinian tree of life to the trees of Franco Moretti's literary history, tree diagrams demonstrate a supposedly infinite capacity to be reactivated in order to deliver unique potentials, sometimes even bringing out counter-figures such as Deleuze and Guattari's rhizome, or Darwin's coral. This metamorphosis ability of the tree, which is explored here, explains why it is often thought of as the diagram of diagrams.

How and why does the diagrammatic transform the history of writing?

Fabien Ferri

Diagrams belong to a class of graphic objects at the intersection of media theory, visual semiotics, and design. In this article we show that their analysis reveals an operating mode that makes it possible to characterize the diagrammatic as a new regime of rationality in the history of writing. This study thus aims to identify the features of this regime in order to begin to characterize its difference with the alphabetic and numerical writing regimes. It opens on a research program initiating a new media approach which falls within works carried out in the historical anthropology of writing practices.

Identity of words, identity of diagrams : a Kaplanian approach?

Sébastien Gandon & Gianluca Longa

Identity conditions play a fundamental role in the debate on the epistemological status of diagrams. In this regard, both detractors and supporters of their use as evidence share the same assumption, which consists in extending to diagrams the distinction between *type* and *token*, normally applied to words. In this article, we intend to discuss this assumption. In the first part, we will show that the distinction between *type* and *token*, as a criterion of identity of words, does not bring about consensus in the philosophy of language. We will see, in particular, how David Kaplan rejected this criterion and proposed an alternative approach, inspired by the conception of common currency developed by Kripke. In the second part, we will study the possibility of extending the Kaplanian approach to diagrams, thanks to some historical considerations concerning the transmission of Greek mathematical texts.

Interview with Frederik Stjernfelt. The rise of diagrammatology

Jean-Marie Chevalier

In 2007, the Danish philosopher Frederik Stjernfelt gave new vigor to diagram studies by entitling his major opus *Diagrammatology*. This term has gained the status of a full sub-discipline within semiotic studies. Today, it brings together research from the cognitive science as well as from post-structuralism, mathematics and literary studies. Frederik Stjernfelt explains how diagrammatology results for him from a redefinition of certain fundamental concepts (the concepts of sign, proposition and diagram in the first place) initiated by the father of pragmatism, Charles S. Peirce.

FICHE DOCUMENTAIRE

4e TRIMESTRE 2020, N° 163, 114 PAGES

Le dossier du numéro 163 des *Cahiers philosophiques* est consacré aux diagrammes et à la manière dont ils contribuent à mettre en forme la pensée.
En lien avec le dossier, « Les Introuvables des Cahiers » publient la traduction inédite d'extraits des « Prolégomènes à une apologie du pragmatisme » de C.S. Peirce.
La rubrique « Situations » propose un entretien avec Frederik Stjernferlt ayant pour objet l'essor de la « diagrammatologie ».

Mots clés

arborescence ; arbre ; Charles S. Peirce ; démonstration ; diagrammatique ; diagramme ; écriture ; élimination ; Euler ; *free ride* ; graphe ; icône ; L. Carroll ; logique ; mathémata ; mathématiques ; mémoire ; modélisation ; notation ; raisonnement ; représentation ; rhizome ; schématisme ; schème ; signe ; support ; symbole ; *token* ; *type* ; Venn.

Vrin - Chemins Philosophiques
128 p. - 11 × 18 cm - 2016
ISBN 978-2-7116-2644-1, 9 €

Qu'est-ce que raisonner ?

Jean-Marie Chevalier

Le raisonnement désigne l'objet de la logique aussi bien qu'une manière de réfléchir. Par-delà les classifications des formes syllogistiques, ce livre approche l'acte de raisonner et ses conditions logiques en les distinguant de l'association d'idées, de l'inférence et de l'application d'une règle. Après avoir examiné les manières déductive, inductive et abductive de raisonner, il définit le raisonnement comme une méthode de fixation des croyances fondée sur l'autocorrection.

Deux extraits complètent cette étude. L'analyse du raisonnement en termes de diagrammes par Charles Peirce vient préciser la nature de la déduction. Enfin, un texte de John Broome est consacré au raisonnement pratique.

Le problème des objets dans la pensée mathématique

Maurice Caveing

Quoi de plus simple que l'idée d'objets dont le mathématicien se proposerait de connaître les propriétés? Cet ouvrage montre qu'au contraire, loin d'aller de soi, cette notion est problématique.
Une première démarche critique consiste à resaisir ces « objets » comme corrélatifs des actes d'une pensée opératoire, puis à montrer en quoi consistent leur historicité, leur abstraction et leur universalité : il en résulte qu'ils n'ont d'autres existences d'intra-théorique.
L'examen du langage propre aux mathématiques, fixé dans la forme symbolique, dont ils ne peuvent se rendre indépendants, permet ensuite d'identifier le champ transcendantal dans lequel s'opère leur connaissance. Dès lors l'objet peut être caratérisé comme unité synthétique d'un système de relations, plus primitives que lui [...].
La thèse proposée permet d'écarter les apories classiques en ce domaine; quant à la racine de l'illusion, c'est une question qui lui est extérieure et relève d'un autre champ.

Vrin - Problèmes & Controverses
288 p. - 13,5 × 21,5 cm - 2004
ISBN 978-2-7116-1628-2, 35 €

Vrin - Cahiers Philosophiques, 150 (3/2017)
168 p. - 14 × 23 cm - 2018
ISBN 978-2-7116-6001-8, 12 €

Cahiers philosophique 150, C. S. Peirce

Jean-Marie Chevalier (dir.)

À son éditeur qui le pousse à publier ses textes concernant la logique, Peirce répond en décembre 1896 : « La logique des relatifs est comme les mathématiques, la physique, en cela que chaque découverte ouvre de nouvelles enquêtes, de sorte que plus on fait de recherches, plus vite apparaissent de nouvelles découvertes. Par conséquent, espérer l'amener à un état de complétude ou d'achèvement serait chimérique. Autant espérer porter à leur terme la géométrie ou l'astronomie... ». La reprise et le réaménagement constants de champs d'investigation aussi vastes et difficiles que la logique ou la sémiotique n'entrent toutefois pas en contradiction avec la fermeté de la démarche de Peirce, fermeté qui tient au choix du pragmatisme ou plutôt à la conception même de celui-ci.[...].
Ce numéro rassemble différentes contributions de lecteurs et spécialistes reconnus de Peirce, afin de donner des voies d'entrée dans cette philosophie exigeante et complexe

CAHIERS PHILOSOPHIQUES

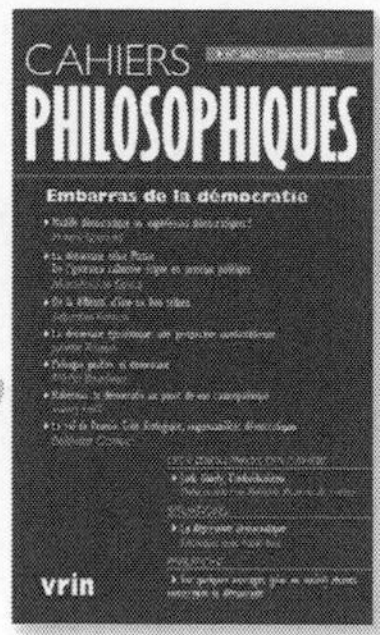

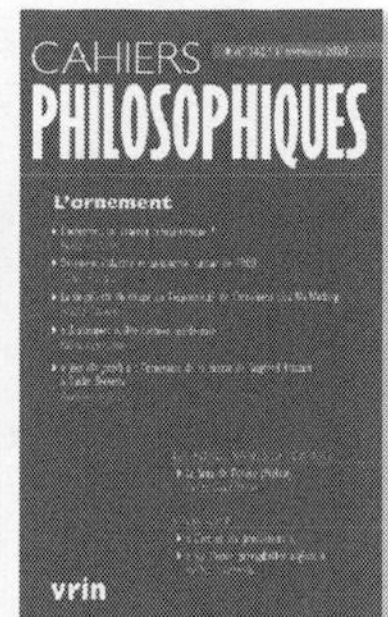

Derniers dossiers parus

Approche sociale de la croyance
Numéro 142 – 3e trim. 2015

Siegfried Kracauer
Numéro 143 – 4e trim. 2015

Arthur Danto
Numéro 144 – 1er trim. 2016

Talmud et philosophie
Numéro 145 – 2e trim. 2016

Varia
Numéro 146 – 3e trim. 2016

Le travail du juge
Numéro 147 – 4e trim. 2016

John Stuart Mill
Numéro 148 – 1er trim. 2017

La mémoire
Numéro 149 – 2e trim. 2017

C. S. Peirce
Numéro 150 – 3e trim. 2017

Aperçus de la pensée stoïcienne
Numéro 151 – 4e trim. 2017

Le végétal, savoirs et pratiques (I)
Numéro 152 – 1er trim. 2018

Le végétal, savoirs et pratiques (2)
Numéro 153 – 2e trim. 2018

T. W. Adorno
Numéro 154 – 3e trim. 2018

Pensée statistique, pensée probabiliste
Numéro 155 – 4e trim. 2018

Walter Benjamin critique
Numéro 156 – 1er trim. 2019

Le paysage
Numéro 157 – 2e trim. 2019

Les limites du langage
Numéro 158 – 3e trim. 2019

Rêve et imagination : approches antiques
Numéro 159 – 4e trim. 2019

Embarras de la démocratie
Numéro 160 – 1er trim. 2020

R. Carnap
Numéro 161 – 2e trim. 2020

L'ornement
Numéro 162 – 3e trim. 2020

Cahiers Philosophiques

BULLETIN D'ABONNEMENT

Par courrier : complétez et retournez le bulletin d'abonnement ci-dessous à :
Librairie Philosophique J. Vrin - 6 place de la Sorbonne, 75005 Paris, France
Par mail : scannez et retournez le bulletin d'abonnement ci-dessous à : fmendes@vrin.fr
Pour commander au numéro : www.vrin.fr ou contact@vrin.fr

RÈGLEMENT

❑ France
❑ Étranger

❑ Par chèque bancaire :
à joindre à la commande à l'ordre de Librairie Philosophique J. Vrin

❑ Par virement sur le compte :
BIC : PSSTFRPPPAR
IBAN : FR28 2004 1000 0100 1963 0T02 028

❑ Par carte visa :

_ _ _ _ _ _ _ _ _ _ _ _ _ _ _ _

expire le : _ _ / _ _

CVC (3 chiffres au verso) : _ _ _

Date :

Signature :

ADRESSE DE LIVRAISON

Nom
Prénom
Institution
Adresse

Ville
Code postal
Pays
Email

ADRESSE DE FACTURATION

Nom
Prénom
Institution
Adresse
Code postal
Pays

ABONNEMENT - 4 numéros par an

Titre	Tarif France	Tarif étranger	Quantité	Total
Abonnement 1 an - Particulier	42,00 €	60,00 €		
Abonnement 1 an - Institution	48,00 €	70,00 €		
			TOTAL À PAYER :	

Tarifs valables jusqu'au 31/12/2021

* Les tarifs ne comprennent pas les droits de douane, les taxes et redevance éventuelles, qui sont à la charge du destinataire à réception de son colis.

Achevé d'imprimer en août 2021 par La Manufacture - Imprimeur – 52200 Langres N° 210799 – Imprimé en France – Dépôt légal : sept. 2021